18세기 조선의 기인 열전

추재기이

18세기 조선의 기인 열전

추재기이

초판 1쇄 발행 2008년 2월 10일
초판 2쇄 발행 2010년 5월 1일

지은이 조수삼
옮긴이 허경진
펴낸이 이영선
펴낸곳 서해문집
이 사 강영선
주 간 김선정
편집장 김문정
편 집 김계옥 임경훈 성연이
디자인 오성희 당승근 김아영
마케팅 김일신 박성욱
관 리 박정래 손미경

출판등록 1989년 3월 16일 (제406-2005-000047호)
주 소 경기도 파주시 교하읍 문발리 파주출판도시 498-7
전 화 (031)955-7470 | **팩스** (031)955-7469
홈페이지 www.booksea.co.kr | **이메일** shmj21@hanmail.net

ISBN 978-89-7483-337-4 03900
값은 뒤표지에 있습니다.

18세기 조선의 기인 열전

추재기이

秋齋紀異

조수삼 지음
허경진 옮김

서해문집

나는 나면서부터 슬기로워서 일찍이 예닐곱 살에 경전經典과 사서史書를 외고 제자諸子와 문집을 읽었으며, 붓을 쥐고 글짓기를 배웠다. 그래서 선생님과 어른들이 많이 귀여워하고 옆에 앉혔다. 나도 (그분들이 해 주는) 이야기 듣기를 좋아해, 하루도 곁에서 떠나지 않았다. 그분들은 모두 일흔이 넘은 노인이었는데, 귀와 눈으로 보고 기억하는 것과 술잔을 주고받으며 수창酬唱(시가詩歌를 서로 주고받으며 부르는 것을 말한다.)하던 이야기들을 서로 묻고 들으며 나날을 보냈다. 나는 그 이야기들을 하나하나 기억에 남기고 낱낱이 간직해 두어, 꼬마 선비의 주머니가 이미 가득 차 있었다.

커서 가정을 이루고 사방으로 돌아다니며 세상 풍파를 많이 겪어서 견문이 더욱 넓어졌다. 가슴속을 더듬어 보면 마치 장서가의 서책이 층층이 쌓이고 가지런히 분류된 것 같아서 남몰래 기뻐하며 생각했다.

'기억력이 전보다 떨어지기 전에 한가한 틈을 내, 가슴속에 있는 것을 꺼내 글로 써야겠다. 공연히 다 없어지게 했다가 큰 한을 머금는 일은 없어야지.'

그러나 천성이 게으른 데다 책이 이뤄져도 요임금·순임금·주공·공자의 도道에 조그만 보탬이 없이 한갓 패관稗官(민간에서 떠도는 이야기나 그런 이야기를 바탕으로 한 소설을 가리킨다.)·야어野語(시골말이다.)가 돼 버린다면 차라리 짓지 않는 것이 낫겠다는 생각이 들어, 이럭저럭 미루다 여태껏 짓지 못했다.

올해에 나는 병이 들어 거의 죽다 살아났다. 때는 마침 한여름이라 찌는 듯한 더위에 사는 집이 좁고도 낮아서 숨이 막히게 해가 두려웠지만, 소일할 방법이 없었다. 시험 삼아 옛날 기억을 돌이켜 보니 열에 한둘도 남아 있지 못하고, 남아 있는 것 또한 잘못 쓰거나 빠진 글자가 있는 초본抄本 같았다. 심하기도 해라! 내가 이토록 노쇠했단 말인가.

드디어 손자에게 붓을 쥐게 하고 베개에 기대 기이시紀異詩를 짓고 사람마다 짧은 전기를 지어 합해 보니 몇 편이 되었다. 그러나 남의 시비나 나랏일에 저촉될 만한 이야기는 하나도 싣지 않았다. 말하고 싶지 않을 뿐만 아니라, 이미 잊어버렸기 때문이다.

아! 이 이야기들은 한갓 풀 더미를 보고 청운의 뜻을 슬퍼하며, 시든 냇버들을 보고 남은 생을 탄식하는 것에 지나지 않는다. 졸음을 막고 더위를 피할 쓰임에나 맞는 것이다. 나 같은 사람이 이 글을 보고 내 노쇠함을 가엾게 여겨 '괴력난신怪力亂神은 우리 선생님께서 말씀하시지 않은 것'이라고 하지 않으면 참으로 다행이겠다. 《논어論語》 '술이述異' 편에 '선생님께서는 괴력난신에 대해 말하지 않았다子不語怪力亂神'고 했다. 괴력난신은 괴이한 일과 헛된 용맹, 어지러운 일과 귀신에 대한 이야기다. 따라서 예악禮樂으로 나라를 일으키고 인의仁義로 가르침을 베풀어야 한다고 생각한 이들이 입에 담기는 어려웠을 것이다. '우리 선생님'은 '오부자吾夫子'를 번역한 말이고, 조선 시대

지식인에게 '오부자'라고 불릴 사람은 물론 공자뿐이다. 이 책에 실린 이야기가 대부분 괴력난신에 관한 것들이기에 변명 삼아 말한 것이다.) 문장을 급히 읽어내느라 신음이나 잠꼬대가 섞여 있을 것이다. 어찌 인사불성人事不省이라는 비난을 면할 수 있으랴.

한문학에는 한 인물의 평생을 기록한 전傳이라는 갈래가 있는데, 사마
천의 《사기》 열전에서 시작된 이 양식이 18세기 조선에 와서 더욱 빛
을 보았다. 화려한 삶을 살았던 사대부뿐만 아니라 위항(원래 좁고 지저
분한 거리를 뜻하는데, 이는 곧 평범한 백성들이 사는 곳을 가리킨다.) 사람들을 주
인공으로 삼아 지은 전이 많아서, 19세기에는 이런 작품들을 한데 모
은 《호산외기壺山外記》, 《이향견문록里鄕見聞錄》, 《희조질사熙朝軼事》 같
은 위항 전기집이 편찬되었다.

그런데 추재秋齋 조수삼趙秀三(1762~1849)의 《추재기이秋齋紀異》는
이러한 3대 전기집보다 더 특이한 업적이다. 추재는 조수삼의 호고,
기이한 인물 이야기 모아 담았다는 뜻에서 책 제목이 정해졌으니, 제
목에서부터 다른 전기집과는 차이가 있음을 짐작할 수 있다. 주인공
의 행적을 짧게 소개하고 칠언절구 한시로 그의 삶을 형상화한 점에
서 새로운 형태를 실험했다고 볼 수 있는데, 이는 고려 시대에 일연이
《삼국유사》에서 이미 시도한 방법이기도 하다. 일연은 향가를 실으면
서 그 향가의 배경 설화까지 기록했으며, 뛰어난 인물 이야기를 실을
때도 그 끝에 칠언절구의 찬讚을 덧붙여 마무리했다.

《추재기이》의 또 다른 장점은 틀을 벗어나서 살아간 인물들을 기록했다는 점이다. 앞에서 소개한 3대 전기집이 수많은 위항 사람들의 다양한 삶을 소개해 18세기 조선 사회가 역동적으로 변화하는 모습을 보여 주었지만, 그 주인공들의 신분은 대개 중인이었다. 그런데 조수삼이 《추재기이》에서 보여 준 인물들은 중인 이하의 계층에 속한다. 예인藝人을 예로 든다면 화원이나 악공이 아니라 손가락으로 그림 그리는 장생, 닭 우는 소리를 잘 낸 닭 노인, 고소설 낭독꾼 전기수, 해금을 잘 켜는 해금수, 성대모사에 뛰어난 박 뺨새, 만석중놀이의 명인 탁반두 등이다.

조수삼은 18세기 말 19세기 초 뒷골목 사람들 71명의 이야기를 71편의 한시로 응축시켜 표현했다. 이 시들 사이에 긴밀한 연관성이 없어 보이지만, 전체적으로는 '기이'라는 제목이 드러내는 특이한 사람들의 이야기로서 통일성을 띠고 있다. 그들은 유가儒家의 전통적인 인간형에서 벗어났지만 실존했던 사람들이다.

《호산외기》를 지은 조희룡이 그 책에 실은 〈조수삼전〉에서 조수삼의 복福 열 가지를 들었는데, 그 가운데 여덟 번째 복이 담론談論이다. 과연 《추재기이》를 읽는 이들은 자신도 모르는 사이에 그의 입담에 빠져 들게 된다. 그 자신이 '나는 이야기를 좋아하는 사람'이라고 말하지 않았던가. 그런 면에서 《추재기이》는 이 시대의 이야기꾼, 고은 선생의 역작인 《만인보萬人譜》에 견줄 만한 이야깃거리다.

2008년 벽두
허경진

차례

일러두기

본문 중 괄호로 묶인 글과 해설은 독자의 이해를 돕기 위해 옮긴이가 넣었다.

18세기 조선의 기인 열전

추재기이

돈을 양보하는 홍 씨와 이 씨

讓金洪李

서울 오천梧泉의 이 씨는 대대로 부자였는데, 증손·현손에 이르러 가산을 탕진하고 홍 씨에게 집을 팔았다. 대청의 기둥 하나가 기울어져 무너지게 되자 홍 씨가 수리했는데, 일하던 중에 은돈 3000냥이 나왔다. 이 씨의 조상이 간직하던 돈이었다. 홍 씨가 이 씨를 불러서 (그 돈을) 주려고 하자, 이 씨가 사양하면서 말했다.

"이 은돈을 우리 조상이 간직하기는 했지만, 그렇다고 증명할 만한 문서도 없고, 이 집은 벌써 당신에게 팔았소. 그러니 이 돈도 당신 것이오."

두 사람이 서로 사양해 마지않았다. 이 소문이 관가에 들리자, 관가에서는 조정에 아뢰었다. 그러자 임금이 교서教書를 내렸다.

"우리나라 백성 가운데 이처럼 어진 자가 있으니, 누가 지금 사람이 옛사람보다 못하다고 하겠는가."

그러고는 그 돈을 두 사람이 반씩 갖게 한 뒤, 벼슬도 내렸다.

홍 씨네가 어찌 이 씨네 돈을 가지랴.
가져가라는 자도 어질지만 사양하는 자도 어지네.
임금께서 상을 내려 열은 풍속을 두텁게 하니,
이웃 여러 곳에서도 밭 다투기를 그쳤다네.
洪家何管李金傳
辭者賢如讓者賢
聖世㫌褒敦薄俗
隣邦幾處息爭田

俞生

유생

유생은 남양南陽의 선비다. 젊은 시절에 산에서 놀기를 좋아하고, 신선 이야기 하기를 즐겼다. 집이 부유해서 말 타고 종자를 거느리며 나라 안의 명승지를 두루 돌아다녔다. '사철 경치가 다 같지 않다'면서 춥고 더운 것을 가리지 않았다.

한번은 눈이 많이 내리는 것을 무릅쓰고 금선대金仙臺에 올라가 갔는데, 잠시 뒤에 두 노인과 한 소년이 들어왔다. 어느새 밤이 깊었다. 세 사람이 "날씨가 매우 차니 술 한잔 마시는 게 어떻겠느냐?" 하더니 소매 속에서 술 한 병과 파초 잎 한 장을 꺼냈다. 잎에 싸 있는 것은 어린애 손 몇 개였고, 병 속의 술은 피같이 붉었다. 유생은 너무 놀라 감히 입을 열지 못했다. 세 사람이 저마다 한 잔씩 마시고는, 손을 하나씩 들고 안주로 삼았다. 그러더니 유생에게 술과 함께 손도 하나 권했다. 유생은 사양하며 말했다.

"저는 본래 술이나 고기를 가까이하지 못합니다."

그러자 세 사람이 웃으며 말했다.

"그대가 먹지 않는다면 우리가 다 먹겠소."

드디어 다 마시고 돌아갔는데, 그들이 간 곳을 알 수 없었다. 유생이 곧 정신을 차리자, 잎 위에 남은 방울에서 꽃향기가 풍겼다. 혀를 대 보니 달고 향기로우며 매끄럽고 부드러웠다. 그제야 신선들을 못 알아보고 지나쳤음을 깨달았다. 그가 죽던 날 문득 이 일을 말하고는 눈물을 흘리며 복이 없다고 한탄했다.

금선대 위에서 눈썹 흰 늙은이를 만났으니
인삼주를 잔에 붓고 향기로운 지초芝草로 안주했네.
요행히 만나고도 그저 지나쳐 한평생 한이 되었으니
유생이 눈물 흘리며 젊은 시절을 이야기했네.
金仙臺上見霜眉
蔘液盈杯佐肉芝
當面錯過千古恨
俞生泣說少年時

吹笛山人 。

취적산인

산인山人은 어디에 사는 사람인지 알 수가 없다. 해마다 단풍이
한창일 무렵에 저[笛]를 불며 북한산성의 동문東門을 나와 철원
보개산寶盖山으로 갔다. 머리에 삿갓을 쓰고, 어깨에 도롱이를
걸쳤으며, 발에는 짚신을 신고 나는 듯 지나갔다. 그를 봤다는
사람이 많았다.

추재기이

삿갓 쓰고 오실 때면 가을바람 서늘한데
노인께선 귀신도 아니고 신선도 아닐세.
쇠 피리 불면서 어디로 가시는지
붉은 나무 푸른 산이 작년 그대로일세.
籗笠來時風颯然
老人非鬼亦非仙
一聲鐵笛歸何處
紅樹靑山似去年

● ●

'취적산인'은 '피리 부는 산사람'이라는 뜻인데, 고유명사처럼 쓰였다.

● ●

송 생원은 가난해서 아내도 집도 없었지만, 시 짓는 솜씨만은 뛰어났다. 그는 미친 척하고 돌아다녔는데, 누가 운韻을 부르면 곧바로 시를 읊고는 돈 한 푼을 달라고 했다. 이 돈을 손에 쥐여 주면 받았지만, 땅바닥에 던지면 돌아보지도 않았다. (그가 지은 글 중에는) 같은 고향의 역졸을 보내며 지은 (아래의) 시처럼 아름다운 구절도 많았다.

　　천 리 타향에서 만났다가 만 리 밖으로 헤어지는데
　　강 언덕 성에는 꽃이 지고 부슬비만 내리네.

　그러나 일찍이 전편을 마무리한 적은 없다. 어떤 사람이 이렇게 말했다고 들었다.
　"그는 은진 송씨인데, 일가친척들이 불쌍하게 여겨 집을 마련해 살게 해 주고, 다시는 떠돌지 못하게 했다."

강 언덕 성에 꽃이 지고 부슬비는 흩날리네.
이처럼 아름다운 구절이 세상에서는 한 푼이라네.
붉은 해가 솟아올라 일산日傘처럼 둥근데
아이들이 다퉈 가며 송 생원을 쫓아다니네.
江城花落雨紛紛
佳句人間直一文
日出軟紅團似盖
兒童爭逐宋生員

복홍은 어떤 사람인지 알 수 없다. 누가 그의 성을 물으면 모른다고 했고, 이름을 물으면 "복홍." 이라고 말했다. 나이는 쉰 살 남짓 되었지만 총각이었다. 날마다 성안에서 한 집씩 돌아가며 빌어먹었는데, 그 차례를 잊지 않았다. 밤에는 버려진 창고에서 거적 하나를 깔고 누웠는데, 밤새 쉬지 않고 《맹자》를 외웠다.

맑은 눈동자에 더부룩한 머리가 귀신 같았는데
집집마다 차례로 밥 빌어 배를 불렸네.
거적때기가 이불이자 자리인데
중얼중얼 밤새《맹자》를 읽네.

湛睛髻髮鬼公如

排日人家一飽餘

藁薦半衾兼半席

喃喃終夜誦鄒書

賣瓜翁

수박 파는 늙은이

대구성 밖에서 수박을 파는 늙은이가 있었는데, 그는 해마다 맛있는 수박 씨를 심었다. 수박이 익으면 따다 길가에 자리 잡고 앉아서 사람을 만나는 대로 팔았다. 수박을 팔면서도 값을 말하지 않아, 주면 받고 안 주면 안 받았다.

동쪽 언덕 열 뙈기 밭에 맛있는 수박을 심었더니
무더운 한여름에 수박이 익었네.
붉은 눈 검은 서리가 칼끝에서 떨어지는데
소반 받쳐 갈증을 풀어 주고도 값을 말하지 않네.
東陵嘉種十畦田
瓜熟時丁熇暑天
絳雪玄霜隨刃滴
擎盤施渴不論錢

● ●

《사기史記》〈소상국세가蕭相國世家〉를 보면, 중국 진秦나라의 동릉후東陵
侯였던 소평邵平은 진나라가 한漢나라에게 망해 평민으로 몰락하자 베옷
을 입고 가난하게 살면서 장안성 동쪽에 오이를 심었다. 그 오이가 맛있어
서 세상 사람들이 소평의 이름을 따 동릉과東陵瓜라고 불렀다.

　수박 파는 늙은이의 시에서 첫 구에 '동릉東陵'이라고 한 것은 실제로
동쪽 언덕이라는 뜻도 있겠지만, 소평의 맛있는 오이를 생각하고 표현한
것이기도 하다. '과瓜'는 박과 식물을 모두 가리키는 말이라서 오이, 참외,
수박이 모두 해당된다. 그런데 '붉은 눈 검은 서리'라는 표현을 보면, 노인
이 팔던 '과'는 붉은 과육에 검은 씨앗이 박힌 수박이 분명하다.

● ●

破石人
돌
깨는
사람

돌 깨는 사람이 주머니에서 물에 갈린 오석烏石을 내놓았다. 길이가 대여섯 치는 되고, 굵기는 팔뚝만 했다. 그는 구경하는 사람들 앞에서 왼손 집게손가락과 넷째손가락에 돌을 올려놓고, 가운뎃손가락으로 덮고 오른손 주먹으로 그 위를 탁 쳤다. 그러면 돌 한가운데가 부러지는데, 백번 쳐도 실수 한 번이 없었다. 다른 사람들이 도끼로 해 보았지만 (돌이) 부러지지 않았다.

그는 돌아갈 때 부러진 돌을 햇빛에 비춰 보기도 하며 거두어서 주머니에 넣고 나머지는 땅바닥에 그냥 버리고 갔다. 그를 안다는 사람의 말로는 그가 돌을 달여서 먹는 방법을 안다고 한다.

.

물에 굴리고 갈려 반들반들 빛나는 돌
두세 치 굵기에 반 자 길이일세.
주먹으로 쳐서 꺾고는 해에 비춰 보니
돌을 달여 먹는 새 처방도 안다네.

浪磨波硏石生光
數寸圍圓半尺長
拳打中分窺向日
心知煮熟有新方

●●

'돌 깨는 사람'은 단단한 돌을 손으로 깨뜨리는 묘기를 보여 주는 것으로
먹고산 사람이다. 구경하던 사람들이 그에게 돈을 던져 주었다는 기록은
없지만, 백번 쳐서 한 번도 실수한 적이 없다는 것을 보면, 아주 오래 그 묘
기를 보여 주었음이 분명하다. 그렇지만 그의 실체는 복식법服食法을 아는
자라는 점이다. 복식법은 단약丹藥을 복용하는 양생술養生術인데, 그가 달
여 먹은 돌이 바로 단약이다. 조선 후기에 도가에 대한 관심이 많아졌는데,
조수삼이 지닌 열 가지 복 가운데 넷째가 의학醫學, 열째가 장수長壽였다는
점을 생각해 보면 그 자신도 양생술에 관심이 많았던 듯하나.

●●

소금 장수 거사

거사는 호남 사람인데, 소금을 지고 다니며 팔다가 오대산에 이르렀다. 그곳에서 중들이 만일회萬日會(극락에 태어나기를 바라며 1000일이나 1만 일 동안 큰 소리로 '나무아미타불'을 외며 도를 닦는 의식이다.) 여는 것을 보고는, 주지에게 소금을 바친 뒤 회중會中에 참여했다. 가부좌하고 하루에 한 번씩 물만 마시며 입정入定해, 3년 동안 살지도 죽지도 않는 몸이 되었다. 가까이 있는 여러 절의 중들이 참으로 생불生佛이 났다고 떠들면서 젯밥을 잘 차려 차례대로 가져다 바쳤다. 그 뒤 어느 날 갑자기 간 곳을 모르게 되었다고 한다.

세상 물결 오랜 세월에 묵은 인연이 깊었으니
육지에 핀 연꽃을 보고 무엇을 깨달았는가.
만일회에 참여해 천 일 동안 가부좌하고서
밤마다 푸른 바다에서 밀물 소리를 들었겠지.

層波疊劫夙根深
陸地蓮花頓悟心
萬日會中千日坐
滄溟夜夜送潮音

乞米奴

쌀을 구걸하는 종

이 종은 김씨 집안의 늙은 종인데, 주인이 일찍 죽고 그 아들마저 요절해 과부와 어린 손자가 살길이 없이 가난해졌다. 그러자 종이 날마다 다니며 쌀을 빌어 가지고 돌아와서 아침저녁으로 (밥을 해다) 바쳤다. 아무리 추워도 입지 못하고, 아무리 배고파도 (먼저) 먹지 않았다. 그를 아는 자들이 모두 그를 의롭게 여겨, 적선하기를 좋아했다.

배고파도 입에 풀칠하기를 잊고 몸 얼어도 옷 입기를 잊으며
쌀을 빌어서 자루에 차면 날 저물녘에 돌아오네.
과부와 고아가 무엇을 바랄 텐가
주인 삼대三代가 늙은 종에게 의지하네.

飢忘糊口凍忘衣
乞米盈囊日暮歸
寡婦孤兒何所望
主人三世老奴依

畬田僧 밭을 개간한 중

덕천德川(오늘날 평안남도의 덕천시다.) 향교 가까이에 넓은 골짜기가 있었다. 땅이 비옥한데도 좋지 못한 나무와 돌덩이만 널려 있어 한 치 쓸모도 없는 곳처럼 보였다. 어느 날 한 스님이 나타나 "골짜기 땅에 밭을 일구어 3년 뒤에는 법에 따라 곡식을 바치겠으니, 개간하도록 허락해 주십시오." 하고 아뢰어 향교의 승낙을 받았다. 그 스님은 이튿날 아침에 떡 몇 말을 싸 짊어지고, 손에 도끼 한 자루를 들고 나타났다. 떡을 다 먹고 물을 마신 다음 골짜기로 들어갔다. 손으로 나무를 뽑고는 도끼로 찍고 발로 차서 밑으로 굴렸다. 한낮이 되기도 전에 나무가 우북하고 바위가 울퉁불퉁하던 땅이 어느새 평평해졌다. 뽑아낸 나무는 불에 태우고 내려왔다.

그 이튿날은 한 손으로 따비(밭을 가는 데 쓰는 농기구다.)를 밀어 이쪽 언덕에서 저쪽 봉우리까지 갈기 시작했다. 가로세로·위아래로 따비질을 해서, 곧 수천 묘畝의 밭이 되었다. 스님은 그 땅에 조를 여러 섬 뿌린 다음, 옆에 움집을 세워 거처를 마련했다. 가을에 조를 1500~1600섬이나 거두어들일 수 있었다. 다음 해에도 그만큼 추수했고, 그 다음 해에도 그만큼 추수해 조가 3000여 섬이나 쌓였다. 스님이 다시 관가로 가서 아뢰었다.

"불제자가 농사만 짓고 있겠습니까? 불도를 닦아야지요. 밭은 향교에 바치고, 소승은 이제 돌아가려 합니다."

그 다음 날 스님은 그 마을과 인근 고을의 백성 3000여 호를 불러 모으고 호마다 조 한 섬씩을 나눠 주었다. 그러고 나서 바람같이 떠나갔다.

한 손으로 따비를 밀어도 소 열 마리 힘이라
3년 수확으로 서숙 동산을 만들었네.
봄이 오자 흩어 주고 바람같이 사라지니
여러 고을 백성이 배불리 먹었네.
一臂耕犁勝十牛
三年收穫粟如邱
春來散盡飄然去
民食穰穰及數州

洪峯上

홍
봉
상

홍생은 본래 선비인데, 사는 곳이 어디인지 아무도 모른다. 해마다 봄가을 아름다운 철이 되면 노래하고 풍악 하는 사람들이 수십 리 밖 멀리서까지 빠지지 않고 모여든다. 마주 뵈는 산봉우리 위에 홍생이 높이 앉으면 기생과 악공, 소리패들이 모두 놀라 "봉상峰上이 오셨다." 하고 외치고는 술과 고기를 대접해 실컷 먹고 마시며 취하다 떠나갔다.

성에 가득 풍악 울리며 날마다 노니니
봄에는 남한산성, 가을에는 북한산성.
노래와 풍악이 사람을 불러들여
홍애 선생이 큰 벼랑 봉우리 위에 먼저 계시네.
滿城絲管日遨遊
南漢行春北漢秋
聲樂果能相感召
洪崖先在上峯頭

벽란도의 거지

돌아가신 내 아버지가 젊은 시절에 일이 있어 해주에 갔다. 저물
녘 벽란도에 도착했는데, 나루에서 밀물을 기다려 배를 띄웠다.
그래서 행인들이 모두 묵었다가 닭이 울면 건너려고 했다. 어떤
늙은이를 보니 해진 솜옷을 입은 채 숨을 헐떡이고 땀을 흘리며
더위에 괴로워하면서 헛간 밑에 앉아 있었다. 주막 사람이 밥값
을 달라며 쉬지 않고 꾸짖자, 아버지는 그가 불쌍해 밥값을 대신
냈다. 그리고 행낭에서 베저고리와 바지를 꺼내 입혔다. 늙은이
는 밥을 먹고 옷을 입었으나 말이 없었다. 잠시 후 그가 "이곳을
지나가면 안 됩니다. 밤에 공께서는 돌아가 옛길을 찾으셨다가,
모레 건너십시오."라고 권했다. 아버지도 문득 마음이 움직여서
말을 재촉해 돌아왔다. 역 하나를 못 미쳐 천둥이 치고 비가 퍼
부었다. 시골집에 피했는데 비가 사흘 밤낮으로 쏟아졌다. 다시
아침이 돼 날이 갰다. 서쪽에서 오는 사람이 '벽란도 30여 호가
무너져 내려 싹 떠내려갔고 소와 말, 닭과 개도 살아남지 못했
다'고 떠들었다. 아, 그 늙은이는 정말로 기이한 사람이었구나!

유월에 누더기 가죽 옷 입은 이는 어디서 온 늙은이인가?
부처인가, 신선인가? 위급한 사람을 구해 주는 풍모가 있구나.
우리 아버지를 언덕으로 끌어 올려놓고 보니
뽕나무 밭이 푸른 바다로 변하는 한밤중이었다네.
六月鶉裘何處翁
佛乎仙也急人風
吾家先子援登岸
碧海桑田乃夜中

汲水者 **물지게꾼**

이 물지게꾼은 성 서쪽 마을에 오래 살았다. 동네 사람들이 그가 오래 굶는 것을 가엾게 여겨 밥을 먹였는데, 성 서쪽에는 산이 많아서 조금만 가물어도 우물이나 샘물이 다 말라 버렸다. 그러자 물지게꾼이 밤에 산으로 들어가 샘물을 찾아서 누워 지키다가, 닭이 울 무렵에 물을 길어 와서 친한 사람들에게 나눠 주었다. 사람들이 "왜 이리 고생하는가?" 하고 물으면, '밥 얻어먹은 은혜를 갚지 않을 수 없다'고 했다.

푸른 삘기를 깔고 돌을 베개 삼아 누웠다가
오경에 먼저 일어나 샘물을 긷네.
집도 없는 사람이 고생한다고 말하지 마소.
이웃에게 밥 얻어먹은 은혜를 아직도 갚지 못했다오.
臥藉靑莎枕石根
五更先起汲泉源
無家有累休相問
未報東隣粥飯恩

••

한시 첫 행의 삘기는 볏과의 여러해살이 풀인 띠의 어린 꽃이삭이다.

••

내 나무

'내 나무'는 나무를 파는 사람이다. 그는 (나무를 팔면서) "나무 사시오!" 하지 않고, "내 나무!"라고만 했다. 심하게 바람 불거나 눈 내리는 추운 날에도 거리를 돌아다니며 ("내 나무!"라고) 외치다가, 나무를 사려는 사람이 없어 틈이 나면 길가에 앉아 품에서 책을 꺼내 읽었다. 바로 고본古本 경서經書였다.

눈보라 휘몰아치는 추위에도 열두 거리를 돌아다니며
남쪽 거리 북쪽 거리에서 "내 나무!"라고 외치네.
어리석은 아낙네야 아마도 비웃겠지만
송나라판 경서가 가슴속에 가득 찼다오.
風雪凌兢十二街
街南街北叫吾柴
會稽愚婦應相笑
宋槧經書貯滿懷

●●

고본 경서를 읽는 것으로 보아, 나무 파는 사람은 몰락한 양반층의 지식인
인 듯하다. 그래서 차마 다른 장사꾼들처럼 "나무 사시오!"라고 존대하지
못하고, "내 나무!"라고 하대함으로써 양반 선비의 마지막 체면을 세운
듯하다.

●●

空空

공공

공공은 최씨네 노비다. 천성天性이 어리석고 고지식해 죽과 밥 말고는 다른 물건이 있는 것을 몰랐다. 중년에야 비로소 술을 배워, 두 푼을 주면 막걸리 한 사발을 살 수 있다는 사실을 알게 되었다. 날마다 인가를 찾아가 놋그릇을 닦겠느냐고 물어, 그 릇을 내놓고 닦아 보라 하면 닦아 주었다. 닦고 씻는 데 힘을 들 이지 않고도 그릇이 모두 번쩍번쩍 빛이 났다. 그릇 주인이 그 릇 닦은 값을 셈해 주는데, 두 푼이 넘으면 나머지는 던져 버리 고 곧장 주막으로 달려갔다.

공공 같은 바보는 바보가 아닐세.
엽전 두 개를 넘을 필요가 있나?
그릇을 주는 대로 힘들여 씻고 나선
주막에서 막걸리 살 돈을 벌었다고 좋아하네.
愚似空空是不愚
得錢何過兩靑蚨
辛勤滌器隨多少
喜辦村壚濁一盃

. .

물욕이 판치는 세상에서 공공은 이방인이다. 일만 하면 먹여 주고 재워 주
는 남의 집 종이었기에 돈을 벌 생각이 없었으며, 술 맛을 안 뒤에도 술값
두 푼만 벌면 된다고 생각했다. 그 이상의 계산을 몰랐던 공공은 천진 자
체였는데, 조수삼은 그를 바보가 아니라고 했다. 술이 마시고 싶어서 일하
기 때문에, 술값만 벌면 그만이지 더 일할 필요가 없다고 생각한 공공이야
말로 세상에서 가장 행복한 바보가 아니었던가. 그의 이름에 '빌 공空' 자
가 거푸 들어가는 것이 남의 작품인지 그 자신이 지은 것인지 알 수 없지
만, 막걸리 한 사발을 사 마시기 위해 놋그릇을 번쩍번쩍 빛나게 닦는 그에
게서 수도승의 모습까지 보인다.

. .

林翁

늙은이 임씨

대추나무 골 안씨 집 행랑에서 드난살이하는 아낙네가 있었는
데, 그의 남편은 늙었다. 그런데도 닭이 울 무렵에 일어나 문밖
마을을 깨끗이 쓸고, 멀리 사방의 이웃까지 쓸었다. 아침이 되
면 문을 닫고 방에 들어앉아, 주인도 그의 얼굴을 보기가 힘들
었다. 하루는 그 아낙네가 남편에게 밥상 올리는 모습을 집주인
이 우연히 보았는데, 눈썹 높이까지 밥상을 들어 바치며 손님처
럼 공경했다. 주인은 그 늙은이가 반드시 어진 선비일 것이라고
생각해, 예절을 지켜 방문했다. 그러자 그 늙은이가 "천한 자가
어찌 주인의 예를 받겠습니까? 이는 죄가 지나친 것이니, 장차
떠나겠습니다." 하고 사양했다. 이튿날 드디어 간 곳을 모르게
되었다.

추재기이

새벽에 일어나 마당을 쓸고 낮에는 문을 거니
마을 사람들이 지나면서 깨끗하다고 놀라네.
밥상을 눈썹까지 들어 올리며 손님처럼 대하니
행랑에 어진 부부가 있는 것을 그 누가 알았으랴.
晨興掃地晝扃關
深巷人過劇淨乾
擧案齊眉如不見
誰知廊下有梁鸞

＊＊

원문에 있는 '양난梁鸞'은 금실 좋은 부부로 이름난 양홍梁鴻과 맹광孟光을
가리킨다. 서로 손님처럼 공경하며 살던 이 부부의 이야기가 《후한서後漢
書》〈일민전逸民傳〉에 실려 있다.

이 이야기에서는 몰락한 양반이 남의 집 드난살이를 하면서도 부부의
예를 지키다가, 신분이 드러나자 자취를 감췄다. 신분제도가 무너져 가던
19세기의 현실과 그 변화에 적응하지 못하던 몰락 양반의 생활을 잘 보여
준다.

＊＊

장생의 소나무와 대나무

영남 사람인 장생이 서울에 글을 배우러 왔다. 술이 취할 때마다 먹 몇 사발을 입에 물고 커다란 종이에 내뿜어서 손가락으로 그림을 그리는데, 손끝에다 깊고 얕게 또는 크고 작게 힘을 주는 것에 따라서 소나무·대나무·꽃·새·짐승·물고기·용 등이 나타났다. 혹은 전서·예서·행서·초서·비백서飛白書를 쓰기도 했다. 짙고 옅은 색이나 굽고 꺾어진 획 가운데 자기 생각대로 되지 않는 것이 없었으니, 보는 사람들은 그가 손가락 끝으로 그려 낸 것인 줄 알지 못했다.

지금의 장생은 옛날의 장욱을 압도해
먹을 흠뻑 적시고 미친 듯 외치며 남들을 깜짝 놀라게 하네.
열 자 종이 폭에 먹물 한 말을 내뿜어
손가락 끝으로 쓰고 그리면 하늘이 이룬 것 같구나.
今張壓倒古張名
濡髮狂呼不足驚
斗量噴來方丈紙
指頭書畵若天成

●●

당나라의 서화가 중 장욱張旭은 초서를 잘 쓰고 술을 즐겼다. 많이 취하면 소리를 지르며 미친 듯 달렸다. 머리털을 먹에 적셔 글씨를 썼는데, 깨어난 뒤에는 스스로 신의 솜씨라고 하면서 다시 쓰지를 못했다. 세상 사람들이 그를 장전張顚, 또는 초성草聖이라고 불렀다. 장생도 성이 같은 장욱의 서법을 배워 술에 취해야 좋은 글씨를 썼는데, 머리털 대신 손가락을 붓으로 썼다.

●●

鷄
老
人

닭
노
인

어떤 노인이 키가 작은 데다 머리도 벗겨져 마치 암탉의 볏을
보는 것 같았다. 그가 두 손으로 팔을 치며 닭 우는 소리를 내면
사방에서 이웃 닭들이 다 울어 (그 소리가) 멀리까지 퍼졌다. 사람
의 소리인지 닭의 소리인지, 아무리 사광師曠(귀가 밝아 소리로 길
흉화복까지 알아냈다는, 진晉나라의 전설적인 악사다.)같이 귀가 밝은 사
람이라도 분간하기가 어려웠다.

추
재
기
이

두 날개 툭툭 치며 닭 떼 가운데 들어가서
한바탕 먼저 울면 사방에서 닭 소리 들려오네.
그만하면 놀고먹을 팔자가 되겠건만
불우한 인생이라 맹상군을 못 만났네.
雙翎膈膊入鷄群
一喔先聲四野聞
徒食徒行還似許
人生不遇孟嘗君

．．

맹상군孟嘗君(?~기원전 278)은 중국 전국시대에 진秦나라·제나라·위魏나라의 재상을 맡았다. 그가 진나라 왕의 초빙으로 재상이 되었지만 왕의 의심을 받게 돼 위기에 처했을 때 지금의 허난 성 북서부에 있는 관문인 함곡관函谷關에 도착했는데, 관의 법은 닭이 울어야 나그네들을 내보내게 되어 있었다. 맹상군은 (진나라 군사들이) 곧 뒤쫓아 올까 봐 염려되었다. 그런데 식객의 말석에 닭 울음소리를 잘 내는 사람이 있어, 그가 닭 울음소리를 내자 다른 닭들도 함께 울었다. 그래서 봉전封傳(관문을 통과할 때 맞춰 보는 나뭇조각이나 두꺼운 종이다. 증명하는 도장을 찍은 뒤 둘로 갈라 놓았다가 관문을 지키는 이와 지나려는 이가 서로 맞춰 보는 것이다.)을 보이고 관문을 나섰다. 나간 지 한 식경이 되어서 진나라 추격병들이 함곡관에 도착했지만, 이미 맹상군이 관문을 나간 뒤라서 그대로 돌아갔다. 처음 맹상군이 이 사람을 빈객

속에 함께 앉히자, 다른 빈객들이 모두 그와 함께 대우받는 것을 부끄럽게 여겼다. 그러나 맹상군이 진나라에서 어려움을 당했을 때는 결국 이 사람이 그를 살려 냈다. 그 뒤부터는 빈객들이 다 맹상군의 안목에 탄복했다. 《사기》 열전 중 〈맹상군전〉에 실린 이야기다.

∙∙

해진 장삼을 입은 행자

나는 젊을 때 승가사에서 글을 읽었다. 어느 날 행자 하나를 보았는데, 누덕누덕 기운 옷을 입고 목어를 가지고 와서 승려에게 절을 했다. 저녁 공양 후 비봉 꼭대기로 달려 올라가 밤이 새도록 목어를 두드리며 염불을 했다. 다음 날 아침 공양에 맞춰 내려와서 인사하고 떠났다. 그 절 승려 가운데 아는 사람이 "저 수좌首座께서는 부처께 소원을 비느라 전국에 있는 모든 사찰을 두루 돌아다니는데, 도착하면 가장 높은 봉우리에 올라가 밤이 새도록 염불을 합니다. 비가 오나 눈이 오나 바람이 불고 추위가 덮쳐도 조금도 괴롭게 여기지 않습니다."라고 말했다.

나라 안 수천, 수만 봉우리

봉우리마다 늙은 선사의 자취가 남기를 바라네.

목어 소리 속에 아침 해가 떠오르니

깊은 숲이 밤눈에 덮였음을 비로소 알겠구나.

域內千千萬萬峯

峯峯願着老禪蹤

木魚聲裡朝暉上

始覺深林夜雪封

엄 도 인

엄 도인은 영월의 궁술사弓術士다. 풍수, 천문, 관상을 모두 잘해 신묘한 경지에 이르렀다. 또 부적과 주술도 잘했다. 혹시 귀신이 인가에 해를 끼치면 법관을 쓰고 법의를 입고 검을 휘둘러 항아리에 들인다. 그리고 붉은 부적으로 항아리 주둥이를 봉해 바다에 던진다. 어떤 때는 작은 귀신을 씹어 먹어 두 입술에 피가 흐른다고 한다.

100살 된 얼굴과 머리털에 재주를 감추고
떠돌며 집에 돌아가지 않다가 돌연 출가했네.
듣자니 종남산 종 진사 종규鍾馗는
사람을 마주하고 귀신 먹기를 오이 먹듯 한다네.

期頤顔髮葆光華
遊不還家便出家
見說終南鍾進士
對人啖鬼似啖瓜

법의를 입고 귀신을 잡아 호리병 속에 넣어 바다에 던져 버리거나 잡아먹기도 하는 엄 도인은 우리나라에서 보기 드문 주술사呪術師다. 유교 사회의 뒷전에서 명맥을 유지하던 도사들의 모습을 보여 준다. 시에 있는 '종규'는 전염병 귀신을 내쫓는 신인데, 구레나룻이 있고 눈알이 크다. 당나라 현종玄宗이 꿈에 본 것을 화가 오도자吳道子가 그려 내 그 모습이 널리 퍼졌으므로, 조수삼은 엄 도인 이야기를 듣고 종규를 생각한 것이다.

안경알 가는 절름발이

절름발이는 집이 동성東城 밖에 있었는데, 날마다 성문 안으로 들어가 안경알 가는 것이 직업이었다. 내가 일고여덟 살 때 그를 보았는데, 예순쯤 돼 보였다. 이웃에 살던 70~80 되던 노인이 '초립동 시절에 그를 이미 보았'고 했다.

그는 날이 저물어 술에 취해 집으로 돌아가다가 달이 떠오르는 것을 보면 반드시 걸음을 멈추고 올려다보았다. 그러고는 한숨을 내쉬며 한참 떠나지 않다가 이렇게 말했다.

"달이 떠오르는 것을 보면 안경 가는 법을 깨닫게 되지."

이 말은 정말 운치가 있다.

안경알 갈고 돌아가는 발걸음 더디기만 해
동쪽 성에 뜨는 둥근 달을 취해 바라보네.
하늘 보며 숨을 내쉬면 달무리가 하얘지고
구름이 흩어져 고운 달이 나타나네.
磨鏡歸時緩脚行
醉看圓月上東城
仰天噓氣長虹白
放出雲間潋灩明

••

《추재기이》에는 장애인이 많이 등장하는데, 그들 대부분은 남에게 얹혀사
는 존재가 아니라 불편한 몸을 이끌고 열심히 일하며 사는 사람들이다. 전
문적인 직업인이라고 할 수 있는데, 안경알 가는 절름발이가 특히 그렇다.
다리가 불편해서 많이 움직이는 일이 아니라 온종일 앉아서 하는 일을 배
우다 보니 안경알 가는 일을 업으로 삼게 되었다. 조선 후기의 안경은 수
정을 갈아서 만들었는데, 한참 갈다가 뿌연 안경에 입김을 불면 가루가 다
흩어지면서 앞이 환하게 보였다. 어둡던 하늘에서 구름을 헤치고 환하게
달이 나오는 모습을 보고 자기 직업에 대해 자부심을 느낀 절름발이 안경
사야말로 18세기의 전문직업인이라고 할 만하다.

••

鄭樵夫 **나무꾼 정 씨**

나무꾼 정 씨는 양근楊根(오늘날 경기도 양평군의 옛 이름이다.) 사람인데, 젊었을 때부터 시를 잘 지어 볼 만한 시가 많았다.

> 시를 읊으며 살다 보니 나무꾼으로 늙었는데
> 어깨에 가득 진 지게에 우수수 가을바람이 스쳐 가네.
> 장안 거리에 동풍이 불어와
> 새벽에 동문으로 들어서서 둘째 다리를 밟네.
>
> 동호東湖의 봄 물결이 쪽빛보다 푸른데
> 흰 물새 두세 마리가 또렷하게 보이네.
> 뱃노래 한 가락에 어디론가 날아가고
> 석양의 산 빛만 빈 못에 가득해라.

이와 같은 시가 아주 많았지만, 그의 전집이 전하지 않으니 한스럽다.

새벽에 동문으로 들어서서 둘째 다리를 밟으니
어깨에 가득 진 지게에 가을이 우수수 찾아드네.
동호의 봄물은 예전처럼 푸르건만
늙은 시인인 나무꾼 정 씨를 그 누가 알아주랴.

曉踏靑門第二橋
滿肩秋色動蕭蕭
東湖春水依然碧
誰識詩人鄭老樵

••

서울 주변의 나무꾼들이 나무를 해다 서울로 지고 와서 팔았으며, 규모가
조금 커지면 소에다 싣고 와서 팔았다. 머슴이나 나무꾼들이 나무를 했지
만, 개중에는 몰락한 양반 지식인들이 나무를 해다 팔기도 했다. 그 가운
데 이름을 남긴 나무꾼이 정 씨다. 그의 시는 송석원시사松石園詩社를 조직
한 것으로 널리 알려진 천수경千壽慶(?~1818)이 1797년에 위항 사람들의
한시를 모아 펴낸《풍요속선風謠續選》에 실렸다.

무학으로 이름 높았지만 늙어서까지 나무를 하니
두 어깨에 가을빛 움직일수록 쓸쓸하구나.
작은 바람이 불어 장안 길까지 들어오더니
새벽에는 동성 둘째 다리까지 이르렀네.

翰墨聲名老採樵
兩肩秋色動蕭蕭
曉到東城第二橋
小風吹入長安路

《풍요속선》에는 나무꾼 정 씨에 대해 다음과 같은 소개도 실려 있다.

초부樵夫는 양근의 월계협(양근군 관아 서쪽 30리에 있던 골짜기로, 강물을 굽어보던 산 중턱의 벼랑길이 명승이다.)에 살았는데, 어떤 사람인지 모른다. 자기의 이름과 자字를 스스로 말하지 않고, 언제나 조그만 배에서 나무를 팔며 강호를 돌아다녔다. 그래서 사람들이 초부라고 불렀다.

시인 스스로 '문학으로 이름 높았지만 늙어서까지 나무를' 한다고 푸념했다. 그가 자기 이름과 자를 말하지 않은 것은 몰락한 양반 출신임을 부끄럽게 여겨 감췄기 때문이다. 그는 양근에서 조그만 배에 나무를 싣고 서울에 들어와서 새벽에 지게에 싣고 팔았다. 그래서 '두 어깨에 가을빛 움직일수록 쓸쓸'하다고 했다. 동대문으로 들어와 둘째 다리에서 나무를 팔았는데, 그 다리는 지금의 종로5가 78번지 광장시장 앞쪽에 있었다. 우리말로는 '두다리'라고 했으며, 《대동지지大東地志》(1864년에 김정호가 《동국여지승람》의 오류를 정정하고 보완해 펴낸 우리나라의 전국 지리지다.)에서는 연지동교蓮池洞橋라고 했다. 나무 시장이 안국동부터 종로 일대까지 열렸으므로, 그도 그 부근에서 나무를 부려 놓고 장사를 했다. 그보다 뒤에 산 조수삼은 '늙은 시인인 나무꾼 정 씨를 그 누가 알아주랴'라고 했다. 조수삼으로서는 이름난 시인을 몰라주는 것이 안타까웠지만, 사회

변화에 적응하지 못한 정 씨는 이미 시인이 아니라 나무장사로 살 수밖에 없었다.

소나무를 사랑하는 노인

조 노인趙老人의 젊은 시절 자字가 팔룡八龍인데, 늘 자신을 팔룡
이라고 불렀기에 세상 사람들도 그를 팔룡이라고 불렀다. 그는
소나무를 아주 사랑해, 백화산(경상북도 상주시 모동면에 있는 산이며,
삼국시대에 쌓은 산성이 남아 있다.)에서 10여 년 동안 기이하게 생긴
소나무를 찾았다. 마침내 세 번 서리고 아홉 번 굽은 소나무를
발견해, 그것을 가져다 큰 화분에 심었다. 밑동은 용의 비늘 같
고, 껍질은 이끼가 낀 듯했다. 손님을 만나면 스스로 "조팔룡은
재상의 녹봉도, 도주공의 재물도 부럽지 않다." 하고 자랑했다.

백화산에 조팔룡이 살아
평생 천석 녹봉을 부러워하지 않았네.
무슨 일로 흡족하게 사느냐, 그에게 물으면
세 번 서리고 아홉 번 굽은 소나무가 내 집에 있다고 했네.
白華山中趙八龍
平生不羨祿千鍾
問渠自足緣何事
家有三盤九曲松

••

춘추시대 월나라의 공신 범여가 월나라 임금 구천을 도와서 오나라의 합
려를 쳤지만, 부귀공명을 버리고 제나라로 가서 치이자피鴟夷子皮라고 이
름을 바꾸고 장사를 하며 숨어 살았다. 나중에 도陶로 가서 큰 부자가 돼
스스로 도주공陶朱公이라고 칭했다. 소나무를 사랑한 조 노인은 도주공
의 재물도 부럽지 않다고 했다.

••

약 캐는 늙은이

약 캐는 늙은이의 성은 남씨며, 강원도 두메 사람이었다. 떠돌다가 서울에 들어와 살았는데, 늙은 형수를 약초를 캐 봉양했다. 그가 일찍이 어버이를 여의고 형수에게 젖을 얻어먹으며 컸기 때문이다. 형수가 죽자 마음속으로 3년 상복을 입었고, 제삿날마다 반드시 제물을 크게 차리고 매우 슬프게 곡했다. 또 반드시 연어알을 올렸는데, 아마도 그의 형수가 그것을 좋아한 듯하다.

가을이 오면 온 산을 다니며 약을 캐느라
자루 긴 호미를 들고 대로 만든 채롱을 멨네.
해마다 형수 제삿날 오기를 기다렸다가
화제구슬처럼 붉은 연어알을 올린다네.
秋來探藥萬山中
鴉嘴長鋤竹背籠
歸及年年邱嫂祭
鰱魚卵子火齊紅

●●

한시 둘째 행의 채롱은 광주리, 바구니 같은 채그릇이다. 또 마지막 행의
화제구슬은 자줏빛이 찬란한 옥이다.

●●

금사 김성기金聖器는 왕세기王世基에게 거문고를 배웠는데, 세기는 새 곡조가 나올 때마다 비밀에 부치고 성기에게 가르쳐 주지 않았다. 그러자 성기가 밤마다 세기의 집 창 앞에 붙어 서서 엿듣고는, 이튿날 아침에 그대로 탔는데 조금도 틀리지 않았다. 세기가 이상히 여겨 밤중에 거문고를 반쯤 타다 말고 창문을 갑자기 열어젖히자, 성기가 깜짝 놀라 땅바닥에 나가떨어졌다. 세기가 아주 기특하게 여겨, 자기가 지은 것을 다 가르쳐 주었다.

새로 지은 몇 곡조를 연습하면서
창문 열다 제자 만나곤 신기神技에 탄복했네.
물고기 듣고 학도 춤추는 곡조를 이제 전수하니
네게 바라기로는 후예后羿를 쏴 죽인 일이 다시 없을진저.
幾曲新翻捻帶中
拓窓相見歎神工
出魚降鶴今全授
戒汝休關射羿弓

●●

《열자列子》(중국 도가道家의 경전이다. 진晉나라 사람 장담張湛이 쓴 것이 지금까지
전한다.)에 '호파瓠巴가 거문고를 타면 새들이 춤추고, 물고기가 뛰놀았
다'는 이야기가 실렸다.

또 옛날에 방몽逄蒙이 예羿에게 활쏘기를 배웠다. 그러나 방몽이 예의
기술을 완전히 익힌 뒤에는 '천하에서 오직 예가 나보다 활을 잘 쏜다'고
생각해, 결국 예를 죽여 버렸다. 이에 대해 맹자는 '그렇게 된 데는 예의
잘못도 있다'고 했다. 그런데 왕세기는 제자를 제대로 만나, 그의 거문고
곡조가 악보에 남았다.

한편 조선 후기에 대제학, 예조 참판, 대사헌 등을 지낸 뇌연雷淵 남유용
南有容(1698~1773)의 《뇌연집》에도 김성기의 전기가 실려 있다.

김성기金聖基는 처음에 상방尙方(조선 시대에 왕의 일용품과 보물 등을 관리하던 관아다. 상의원尙衣院이라고도 한다.)의 궁인弓人이었다. 나중에 활을 버리고 어떤 사람을 따라서 거문고를 배웠는데, 거문고를 잘 탄다고 이름이 났다. 또 퉁소와 비파도 잘 다뤄서, 스스로 새로운 소리[新聲]를 만들었다. 교방敎坊(조선 시대에 음악과 관련된 일을 맡아보던 장악원의 좌방左坊과 우방右坊을 함께 가리킨 말이다. 좌방은 중국계 아악雅樂을, 우방은 우리 고유의 궁중 음악인 속악俗樂을 맡았다.)의 자제子弟들이 그 악보를 많이 배웠다. (음악으로) 이름을 날린 자들이 많았는데, 모두 성기의 문하에서 나왔다.

이렇게 되자 성기는 자기의 뛰어난 재주만 자부하면서 처자妻子를 위해 일하는 것을 부끄러워했다. 재물로써 사귀려 드는 사람이 있어도 구차하게 (여겨서) 받지 않았다. 집안은 날로 가난해졌다. 그는 작은 배 한 척을 사서 서호西湖(오늘날 서울의 서강西江으로, 마포 일대의 한강을 가리킨다.)에 띄워 놓고, 낚싯대 하나를 들고 왔다 갔다 하며 고기를 잡았다. 드디어 자기의 호를 조은釣隱이라고 했다.

어쩌다 강물이 고요하고 달도 밝은 밤이면, 강 한가운데로 노를 저어 나아갔다. 퉁소를 끌어당겨 서너 곡조를 부는데 그 소리가 너무나도 비장해서, 강 위의 기러기나 따오기도 슬피 울며 날아갔고, 갈대밭과 이웃 배에서 듣던 사람들도 모두 일어나 서성거리며 떠날 줄을 몰랐다.

당시에 아전 목호룡睦虎龍이 역적을 고발하는 글을 올렸다. 그래서 중신들을 많이 죽였고, 동궁東宮(뒷날의 영조다.)의 지위까지도 흔들었다. 그렇게까지 되지는 않았지만, 그 공으로 동성군東城君에 봉해졌다. 공경公卿(세 정승과 그 아래의 아홉 고관을 가리킨다.) 이하가 모두 동성군의 지시를 감히 거스르지 못했다.

호룡이 그 무리와 술을 마시다가, 말과 구종(말의 고삐를 잡고 따르던 하인이다.)을 함께 보내며 성기에게 청했다.

"오늘의 술자리는 네가 아니라면 즐거울 수가 없다. 네가 곧 나에게 와주면 좋겠다."

성기는 병을 핑계로 가지 않았다. 심부름꾼이 몇 번이나 와서 굳이 청했지만, 성기도 끝내 가지 않았다. 호룡이 자기 패거리들에게 부끄러워서 "오지 않는다면, 내가 너를 크게 괴롭히겠다." 하고 협박하게 했다. 성기가 마침 손님과 더불어 비파를 뜯다가 수염을 부르르 떨며 일어나 심부름꾼 앞에 비파를 내던지며 말했다.

"내 말을 호룡에게 전하라. 내 나이 일흔인데 어찌 너를 무서워하겠느냐고. 너는 역적 고발을 잘한다니, 이번엔 나를 고발하라고. 내 한번 죽으면 무슨 벼슬을 더 받겠느냐고."

호룡이 그 말을 듣더니 얼굴이 일그러졌다. 그래서 술자리도 끝났다. 이때부터 성기는 성 안으로 들어가지 않았다. 호사가들이 어쩌다 술이라도 싣고 강가에 나오면, 문득 퉁소를 잡고 두어 곡조 불었다. 그 뒤 2년 만에 호룡이 사형을 당했다.

의양자宜陽子(이 글을 지은 남유용이 자기 자신을 가리킨 말이다. 그는 의성 남씨다.)는 말한다.

"고점리高漸離가 축筑(대나무로 만든 악기로 거문고와 비슷하다.)을 던지자 진시황의 그 교만이 꺾였고, 뇌해청雷海淸이 악기를 내던지자 안록산의 그 기세가 꺾였다. 김성기가 비파를 내던지자 호룡의 간담이 떨어졌다. (고점리는 진시황을 암살하려던 형가荊軻의 친구다. 형가가 암살에 실패하자 그와 절친했던 고점리도 진시황에게 쫓기는 신세가 돼 숨어 살다가, 진시황 앞에 불려 가려고 오랫동안 손대지 않던 축을 꺼내 연주했다. 고점리의 계획대로 놀라운 연주 솜씨에 대한 소문이 퍼져 진시황이 그를 찾았다. 그러나 형가의 친구라는 사실이 밝혀져 진시황에게 두 눈을 빼앗겼다. 비록 자신을 죽이려 했지만 고점리의 연주를 아낀 진시황은 그를 가까이 두고 축을 듣게 했다. 고점리는 앞을 못 보면서도 납 소쿠을 축 안에 채웠다가 진시황의 목소리가 나는 쪽으로 던졌다. 그러나 이번에도 진시황은 무거운 납덩이에 맞아 죽을 위험을 피했다. 결국 고점리도 죽었다. 한편 뇌해청은 당나라 현종 때의 악사로, 안록산이 반란을 일으키자 악기를 던짐으로써 자신이 생각하는 불의에 저항했다.) 이 세 사람이 모두 천한 악공樂工이라서 군자들은 깔보았지만. 그 의로움은 찌르는 바가 있다. 끝내 그 재주로 이름을 이루었으니, 그 뛰어나기가 이와 같았다. 고점리나 뇌해청의 사적 事蹟은 《사기》와 《강목》에서 모두 크게 기록했으므로, 지금도 사람들의 이목을 끈다. 그러나 우리나라 역사에서만은 성기의 사적을 기록했는지 알 수 없기에, 먼저 전傳을 지어서 뒷날을 기다린다.”

••

負販孝子

등짐 품팔이 효자

효자의 성은 안씨인데, 어머니가 늙었다. 그는 집이 가난해 등짐을 져서 살지만, 힘이 세고 재주도 있어서 날마다 100여 전씩 벌었다. 집에 돌아와서는 그 돈으로 맛있는 음식을 해서 바쳤다. 그래서 부자보다도 더 나았다. 밤에는 어머니를 곁에서 모시며 얼굴빛을 편안케 하고 목소리를 부드럽게 해 그 뜻을 잘 받들어서 보는 이마다 감탄했다. 그런데도 그는 자식 된 도리를 다하지 못한다고 스스로 걱정했다.

아이 때부터 글 읽던 사람이지만

어머니 모시기 위해 막일도 잘한다오.

등짐 지고 품 팔다 돌아와선 직접 찬까지 만드니

어찌 하루라도 가난한 빛을 보였으랴.

童年云是讀書人

鄙事多能爲養親

負販歸來躬視膳

何嘗一日坐家貧

상여꾼 강 씨

병신년(1776) 6월 10일에 영종대왕 외재궁을 원릉元陵에 마련하고, 행차가 망우리 고개 아래 도착했다. 진흙 길이 밤비 때문에 진창에 묻혔으나 자세히 알지 못했다. 큰 상여 서북 귀퉁이의 상여꾼 40~50명이 넘어져 허리까지 묻히는 위험에 처했다. 무리 밖에 있던 군사 중에 강씨 성을 가진 사람이 있었는데 키가 8척이 넘었다. 몸을 떨치고 뛰어들어 양손으로 상여를 높이 받쳐들고 우뚝 서 있었다. 잠시 후 큰 상여가 위험에서 벗어나 다시 안정을 찾았다. 이미 나왔으나 강 씨는 손을 들고 우뚝 선 채 움직일 수 없었다. 숨이 막혀 죽었으나 넘어지지 않았던 것이다. 아! 상여꾼 강 씨 같은 사람은 충성스러운 열사라고 할 수 있으리라.

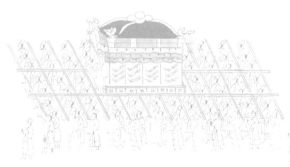

밤비에 진흙탕 깊은 큰길가

큰 상여 위험하게도 언덕으로 빠져 들었네.

몸을 떨쳐 일어난 8척의 상여꾼 강 씨는

한 손으로 하늘을 받친 채 죽어서도 엎어지지 않았네.

夜雨泥深大道傍

仙輀危阽下平岡

奮身八尺姜輦士

隻手擎天死不僵

••

영조의 국상은 정조가 즉위한 뒤에 치렀으므로, 정조 실록에 인산因山 절
차와 준비 상황이 자세하게 기록되어 있다. 정조가 즉위한 해(1776) 6월 14
일에 장마가 한 달 넘게 계속되자, 정조가 비가 그치기를 비는 기청제祈晴
祭를 지내라고 명했다. 그리고 '외재궁을 모시고 (원릉으로) 나아가는 일도
기일에 맞춰 못 하고 있으니 민망스럽다'고 감회를 토로했다. 길일도 다시
정했다. 7월 26일에야 영가靈駕를 원릉에 모시고 27일에 인산 예절을 치
렀으며, 29일에는 국상國喪을 준비한 관원들에게 시상했다. 상여 옆에 따
라가기만 한 사대부들에게도 상을 베풀었지만, 목숨을 바쳐 동료 상여꾼
40~50명을 구한 강 씨의 이름은 아무 데도 없다. 이름 없이 죽어 간 민중
의 영웅 강 씨 이야기를 조수삼이 기이하다고 기록한 것이다.

••

성균관 동쪽이 송동宋洞인데, 꽃나무 우거진 골 안에 강당이 단아하게 서 있었다. 이곳에서 정 선생이 제자들을 가르쳤다. 새벽과 저녁에 종이 울리면 제자들이 모였다 흩어졌는데, (학문을) 성취한 자들이 많다. 성균관 사람들이 그를 정 선생이라고 불렀다.

꽃나무 속에 강당까지 오솔길이 생겼는데
새벽에도 저녁에도 종소리가 맑게 울리네.
사방의 제자들을 누가 길러 냈던가.
품 넓은 옷에 굵은 띠 두른 정 선생이라네.
講堂花木一蹊成
斯夕斯晨趁磬聲
教育四隣佳子弟
裒衣博帶鄭先生

··

'송동'이라는 이름은 우암 송시열이 살던 곳이라서 붙었다. 지금도 송시
열이 살던 집터 바위에 그가 친필로 새긴 글자가 남아 있다.

한편 주나라 제후의 국학國學을 반궁泮宮이라고 했다. 천자의 최고 교육
기관인 벽옹辟雍은 사면을 물로 둘러쌌는데, 제후의 국학은 동문과 서문
사이 남쪽만 물로 에워싸고, 북쪽은 담으로 둘러쌌으므로 반궁이라고 한
것이다. 조선 시대 성균관도 반궁이라고 했으며, 그 주변 마을을 반촌泮村
이라 했다.

··

골동품 좋아하는 노인

서울 사는 손孫 노인은 본디 부자였는데, 골동품을 좋아하기는 해도 감식안은 없었다. 사람들이 진품이 아닌 것을 속여서 비싼 값을 받아 내는 일이 허다했다. 그래서 마침내 거덜이 났다.

그러나 손 노인은 자신이 속았다는 사실을 깨닫지 못했다. 빈방에 홀로 쓸쓸히 앉아서 단계석端溪石(중국 광둥 성 돤시端溪 지방에서 나는 벼룻돌이다. 단단하고 치밀하고 무거워서 귀하게 여겼다.) 벼루에 오래된 먹을 갈아 묵향墨香을 감상하고, 한나라 때 자기磁器에 좋은 차를 달여 다향茶香을 음미하며 몹시 만족스러워했다.

"춥고 배고픈 것이야 무슨 걱정이랴."

이웃의 한 사람이 그를 동정해서 밥을 가져오자 "나는 남의 도움을 받을 필요가 없소." 하고 손을 저어 돌려보냈다.

갖옷 벗어 옛 자기와 바꾸고
향 사르고 차 마시며 추위와 굶주림 달래네.
초가집에 밤새 눈이 석 자나 쌓였는데
이웃에서 보낸 아침밥을 손 저어 물리치네.
解下綿裘換古瓷
焚香啜茗禦寒飢
茅廬夜雪埋三尺
擺遣隣家饗早炊

한시 첫 행의 갖옷은 짐승의 털가죽을 안에 대 만든 옷이다.

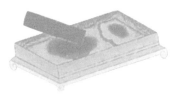

달문의 성은 이씨인데, 마흔 살 총각으로 약재 거간을 하며 그 어미를 봉양했다. 하루는 달문이 어느 가게에 가자, 주인이 나와서 값이 100냥이나 되고 무게는 한 냥 쭘 되는 인삼 몇 뿌리를 보이며 "이것이 어떠냐?" 하고 물었다. 달문이 참 좋은 물건이라고 했다. 마침 주인이 안방에 들어가게 돼, 달문은 돌아앉아 창밖을 내다보았다. 얼마 뒤에 주인이 나오더니 달문에게 "인삼이 어디 있느냐?" 하고 물었다. 달문이 돌아보니 인삼이 없어졌다. 그래서 웃으며 "마침 사려는 사람이 있어서 그에게 주었으니, 곧 값을 치르겠소."라고 했다.

이튿날 가게 주인이 쥐구멍에 연기를 넣다가 궤짝 뒤에서 종이에 싼 것을 발견했다. 꺼내 보니, 어제 그 인삼이었다. 주인이 크게 놀라서, 달문을 불러 그 까닭을 물었다.

"어찌 인삼을 보지 못했다 말하지 않고, 팔았다고 속였나?"

달문이 말했다.

"인삼을 내가 이미 봤는데 갑자기 없어졌으니, 내가 모른다고 말하면 주인이 나를 도둑이라고 의심하지 않겠소?"

그러자 주인이 부끄러워하며 사과해 마지않았다. 이때 영조 대왕이 가난해서 관례나 혼례를 치르지 못하는 백성들을 불쌍히 여겨, 관가에서 그 비용을 대 예를 치르도록 했다. 그래서 달문도 비로소 관례를 치르게 되었다.

달문은 늙은 뒤에 영남으로 내려가 가족들을 데리고 장사하며 살았는데, 서울 사람을 만날 때마다 눈물을 흘리며 관례 치를 때 입은 은혜를 이야기했다.

웃으며 값을 치르고는 의아하게 여기지 않았는데
부잣집 늙은이가 그 이튿날 가난한 총각에게 절했네.
영남에 내려가 살면서도 서울 나그네를 만나면
영조대왕께서 관례 비용 내리던 일을 울면서 이야기했네.

談笑還金直不疑
富翁明日拜貧兒
天南坐對京華客
泣說先王賜冠時

· ·

달문의 이야기는 당시에 널리 퍼져, 연암 박지원이 〈광문자전廣文者傳〉을 짓기도 했다.

광문은 비렁뱅이다. 그는 예전부터 종루(종로) 시장 바닥을 돌아다니며 밥을 빌었다. 길거리의 비렁뱅이 아이들이 광문을 두목으로 추대해 자기들의 보금자리인 움막을 지키게 했다.
　하루는 날씨가 춥고 진눈깨비가 흩날리는데, 아이들이 서로 이끌며 밥을 빌러 나가고 한 아이만 병에 걸려 따라가지 못했다. 얼마 뒤에 그 아이가 더욱 추워하더니 신음마저 아주 구슬퍼졌다. 광문이 그를 매우 불쌍히 여겨 직접 구걸하러 나가서 밥을 얻었다. 병든 아이에게 먹이려고 했지만, 아이는 벌써 죽고 말았다.

아이들이 돌아와서는 '광문이 그 아이를 죽였다'고 의심했다. 그래서 서로 의논해 광문을 두들겨 내쫓았다. 광문이 밤중에 엉금엉금 기어서 마을의 어느 집에 들어갔는데, 놀란 그 집 개가 몹시 짖었다. 집주인이 광문을 잡아 묶자 광문이 이렇게 외쳤다.

"나는 원수를 피해서 온 놈이유. 도둑질할 뜻은 없어유. 영감님이 내 말을 믿지 않는다면, 아침나절에 종루 시장 바닥에서 밝혀 드리겠어유."

그의 말씨가 순박했으므로 주인 영감도 마음속으로 광문이 도둑이 아니라고 생각했다. 그래서 새벽에 풀어 주었다. 광문은 고맙다고 인사한 뒤에 거적때기를 얻어 가지고 갔다. 주인 영감이 끝내 괴이하게 여겨 그의 뒤를 밟았다. 마침 거지 아이들이 시체 하나를 끌어다 수표교에 이르더니, 그 시체를 다리 아래로 던지는 것이 보였다. 광문이 다리 아래 숨었다가 그 시체를 거적때기에 싸더니 남몰래 지고 가 서문 밖 무덤 사이에 묻고 나서는, 울면서 뭐라고 중얼거렸다.

집주인이 광문을 잡고서 그 영문을 물었다. 광문이 그제야 앞서 있던 일과 어제 한 일들을 다 말해 주었다. 광문을 의롭게 여긴 주인 영감은 그와 함께 집으로 돌아와 광문에게 옷을 주고는 관대하게 대했다. 그리고 광문을 약방 부자에게 추천해 그 집에서 심부름을 하게 했다.

어느 날 부자가 문밖으로 나섰다가 자꾸만 돌아왔다. 그러고는 다시 방에 들어와 자물쇠를 살펴보고 문밖으로 나갔는데, 얼굴빛이 자못 불쾌한 듯했다. 돌아온 부자는 자물쇠를 살펴보더니 깜짝 놀라 광문을 노려보았다. 무엇인가 말하려다가 얼굴빛이 바뀌더니 그만두었다.

광문은 그 이유를 알 수 없었다. 날마다 잠자코 일했을 뿐, 감히 작별을 고하고 떠나지도 못했다. 며칠이 지나자 부자의 처조카가 돈을 가지고 와서 부자에게 돌려주며 말했다.

"지난번에 제가 아저씨께 돈을 꾸러 왔더니, 마침 아저씨가 계시지 않았어요. 그래서 제가 방에 들어가 돈을 가지고 갔지요. 아마 아저씨께서는 모르고 계셨겠지요."

그제야 부자는 광문에게 매우 부끄러워하며 사과했다.

"나는 소인이야. 이 일 때문에 점잖은 사람의 마음을 상하게 했네그려. 내 이제 자네를 볼 낯이 없네."

그러고는 자기의 모든 친구와 다른 부자와 큰 장사치들에게까지 '광문은 의로운 사람'이라고 두루 칭찬했다. 그는 또 종실宗室(임금의 친족이다.)의 손님들과 공경公卿(삼정승과 6조 판서·한성판윤·좌우참찬 등 고위 관리를 이르는 말이다.)의 문하에 다니는 이들에게 광문을 칭찬했다. 그래서 공경의 문하에 다니는 이들과 종실의 손님들이 모두 광문을 이야깃거리로 삼아 밤마다 그들의 베갯머리에서 들려주었다. 그리하여 몇 달 사이에 사대부들이 모두 광문의 이름을 훌륭한 옛사람의 이름처럼 알게 되었다.

그래서 한양 사람들이 모두 "광문을 우대하던 주인 영감이야말로 참으로 어질고도 사람을 잘 알아보는 분이지."라 하고, "약방 부자야말로 정말 점잖은 사람이야." 하며 칭찬했다.

이때 돈놀이꾼들은 대체로 머리 장식품이나 구슬·비취옥 또는 옷·그릇·집·농장·종 등의 문서를 전당 잡고서 밑천을 계산해서 빌려 주었다. 그러나 광문은 남의 빚에 보증을 서면서도 전당 잡을 물건이 있는지를 묻지 않았다. 1000냥도 대번에 승낙했다.

광문의 사람됨을 말한다면, 그의 모습은 아주 더러웠고 그의 말씨도 사람을 움직이지 못했다. 입이 넓어서 두 주먹이 한꺼번에 드나들었다. 그는 또 만석놀이(음력 4월 8일에 행하던 인형극이다.)를 잘하고, 철괴춤(중국의 신선인 이철괴를 흉내 낸 춤이다.)을 잘 추었다.

당시에 아이들 사이에 "너네 형이야말로 달문이지." 하며 헐뜯는 것이 유행했다. '달문'은 광문의 다른 이름이었다. 광문은 길에서 싸우는 이들을 만나면, 자기도 옷을 벗어젖히고 함께 싸웠다. 그러다가 어떤 말을 지껄이면서 머리를 숙이고 땅바닥에 금을 그었다. 마치 그들의 잘잘못을 따지는 듯했다. 그러는 꼴을 보고서 시장 사람들이 모두 웃었다. 싸우던 자들도 웃다가 모두 흩어져 버리기도 했다.

광문은 나이 마흔이 넘도록 그대로 총각머리를 했다. 사람들이 장가들라고 권하면, 그는 "아름다운 얼굴을 모두 좋아하는 법이지. 그런데 사내만 그런 게 아니라 여인네들도 그렇거든. 그러니 나처럼 못생긴 놈이 어떻게 장가를 들겠어?" 했다. 사람들이 살림을 차리라고 하면 이렇게 사양했다.

"나는 부모도 없고 형제와 처자도 없으니, 무엇으로 살림을 차리겠소? 게다가 아침나절이면 노래 부르며 시장 바닥으로 들어갔다가 날이 저물면 부잣집 문턱 아래서 잠을 잔다오. 한양에 집이 8만이나 되니, 날마다 잠자는 집을 옮겨 다녀도 내가 죽을 때까지 다 돌아다닐 수 없을 정도라오."

한양의 이름난 기생들은 모두 아리땁고 예쁘며 말쑥했다. 그러나 광문이 칭찬해 주지 않으면 한 푼어치의 값도 나가지 못했다. 지난번에 우림아羽林兒(궁궐 호위와 의장을 맡은 부대다.)와 각 전殿의 별감(향청鄉廳의 우두머리인 좌수에 버금가는 직책이다.) 또는 부마도위駙馬都尉(임금의 사위다.)의 시중을 드는 사람들이 소매를 휘저으며 이름난 기생 운심을 찾았다. 대청 위에 술자리를 벌이고 비파를 뜯으며, 운심의 춤을 즐기려고 했다. 그러나 운심은 일부러 시간을 늦추면서 춤을 추지 않으려고 했다.

광문이 밤에 찾아가 당(堂) 아래에서 서성거리다가, 곧 들어가 그들의 윗자리에 서슴지 않고 앉았다. 광문은 비록 옷이 다 떨어지고 행동이 창피했지만, 그의 뜻은 몹시 자유로웠다. 눈구석이 짓물러서 눈곱이 낀 채로 술 취한 듯 트림하며, 양털처럼 생긴 머리 뒤통수에 상투를 틀었다. 자리에 앉았던 사람들이 모두 깜짝 놀랐다. 서로 눈짓을 해 광문을 몰아내려고 했다. 그러나 광문은 더 앞으로 다가앉아 무릎을 어루만지며 가락을 뽑아 콧노래로 장단을 맞췄다.

운심이 그제야 일어나서 옷을 갈아입고 광문을 위해서 칼춤을 추었다. 자리에 앉았던 사람들이 모두 기뻐했다. 그들은 마침내 광문과 벗으로 사귀고 흩어졌다.

● ●

傳奇叟

전기수

(전기를 읽어 주는) 늙은이는 동문 밖에 살았다. 그는 언문으로 된 패설稗說(패관과 같은 말이다.)들을 외웠는데, 〈숙향전〉·〈소대성전〉·〈심청전〉·〈설인귀전〉 등의 전기였다. 달마다 초하루에는 첫째 다리 아래에 앉고, 초이틀에는 둘째 다리 아래에 앉으며, 초사흘에는 이현梨峴(오늘날 청계천 4가의 배오개다리 일대다.)에 앉고, 초나흘에는 교동校洞 어귀에 앉는다. 초닷새에는 대사동大寺洞 어귀에 앉고, 초엿새에는 종루 앞에 앉는다. 초이레부터는 다시 거슬러 올라갔다가 내려온다. 내려왔다가는 올라가고, 올라갔다가는 다시 내려온다. 이렇게 해 그 달을 마친다. 달이 바뀌어도 역시 그렇게 한다.

그가 잘 읽어서, 곁에서 듣는 자들이 겹겹이 둘러싼다. 늙은이는 가장 재미나고 들을 만한 대목에 이르면, 잠시 입을 다물고 말하지 않는다. 그러면 사람들이 그 아래 대목을 듣고 싶어서 다퉈 가며 돈을 던진다. 이를 '요전법邀錢法'이라 한다.

추재기이

아녀자들은 가슴 아파 눈물을 흘리니
영웅의 승패를 칼로도 나누기 어려워라.
재미난 곳에선 말 않고 요전법을 쓰네.
듣고 싶은 게 인정이니 그 방법 묘하기도 해라.
兒女傷心涕自雰
英雄勝敗劒難分
言多黙少邀錢法
妙在人情最急聞

●●

전기수라는 직업인이 나타나기 전에도 농한기인 한겨울에는 동네 사람들
이 사랑방에 모여서 놀거나 일했는데, 이때 재미있는 이야기를 하거나 소
설을 읽었다. 그러나 그때의 이야기꾼은 목청이 좋거나 입심이 좋은 동네
사람일 뿐이었는데, 전기수는 소설을 전문적으로 읽어 주는 직업이었다.
그가 동네 사람과 다른 점은 한 가지, 소설을 읽어 주고 돈을 받는다는 점
이다. 소설 읽어 주는 것이 직업이 되려면 그 일을 하는 사람에게는 남들
이 갖지 못한 기술이 있어야 하는데, 조수삼은 이 전기수의 기술을 요전법
이라고 했다. 글자 그대로 손님들로부터 돈을 끌어내는 방법이다. 재미있
는 이야기를 듣고 싶어하는 게 인정인데, 그는 이 인정을 이용했다. 이야
기가 가장 재미있는 곳에서 입을 다물어 손님들의 궁금증을 키워 놓고, 손
님들이 이야기를 더 듣고 싶어 돈을 던지게 만든 것이다. 그 전에는 돈 받
고 이야기를 들려준다는 생각을 하지 못했으니, 새로운 상업 문화가 생겨

난 것이다.

재미있는 이야기를 들려주고 돈을 받는 일은 《하멜표류기》에도 나온다. 외국인의 눈에 특이하게 보였기 때문일 것이나.

사람들이 많이 지나다니는 길목에 자리 잡아야 손님을 많이 끌 수 있고 돈을 많이 벌 수 있기 때문에, 전기수는 청계천 다리 아래에 자리를 잡고 소설 판을 펼쳤다. 전기수가 사람들을 끌어들인 것이 아니라, 사람들이 모여드는 곳에 전기수가 뛰어든 것이다. 그런데 다리 밑보다는 담뱃가게가 손님들을 모으기에 더 편했다. 기호품인 담배를 사러 온 손님들은 재미있는 소설 판에 끼기 쉬웠고, 바깥과 격리된 건물 안이었기에 지나다니는 사람과 이야기를 듣는 사람이 나뉘어 전기수가 청중을 장악하기도 쉬웠다. 담배를 피우며 오랫동안 편하게 앉아서 듣기도 좋았고, 돈을 받기도 좋았다. 비가 와도 좋았고, 일정한 장소로 손님들이 찾아오기도 좋았다.

소설을 낭독하는 솜씨가 차츰 발전하자, 손님이 그 이야기를 실제 상황으로 여기고 흥분해서 낭독자를 죽이는 일까지 일어났다. 이 이야기는 정조도 알고 있었는데, 장흥 사람 신여척이 이웃집 형제가 싸우는 것을 보고 말리다가 발로 차서 죽게 한 사건이 벌어지자 신여척을 옹호하면서 담뱃가게에서 일어난 살인 사건 이야기를 했다.

> 항간에 이런 이야기가 있다. 종로 담뱃가게에서 소설을 듣다가 영웅이 뜻을 이루지 못하는 대목에 이르자 (손님이) 눈을 부릅뜨고 입에 거품을 물면서 담배 썰던 칼을 들고서 곧바로 달려들어 소설 읽던 사람을 쳤다. 그는 그 자리에서 죽고 말았다. (《정종대왕실록》14년 8월 10일.)

군담소설의 전형적인 구성은 고진감래苦盡甘來고 주제는 권선징악勸善懲惡이니, 주인공이 악인의 모함을 받아 한때 시련을 겪는 이야기는 꼭 필요한 부분이다. 그런데 소설 낭독자의 솜씨가 너무 사실적이어서, 손님이 소설과 실제를 구별하지 못하고 흥분한 끝에 낭독자를 악인惡人으로 착각해서 담배 써는 칼로 찔러 죽인 것이다. 신여척이 이웃집 형제의 싸움을 보고 흥분한 끝에 발로 차서 죽게 한 것을 정조가 옹호하면서 담뱃가게 이야기를 한 것을 보면, 정조도 담뱃가게에서 낭독하는 소설의 인기나 그 문학적인 효용성을 인정한 것 같다. 이 이야기는 이덕무의 소설 〈은애전銀愛傳〉에도 그대로 인용되었다.

담뱃가게가 잎담배를 파는 곳에서 살담배, 즉 칼로 썬 담배를 파는 곳이 되면서, 담배 써는 칼이 뜻밖에 사람을 죽이는 흉기로까지 발전한 것이다. 한 가지 물건만 팔던 가게에 사람이 많이 모여든다는 점을 이용해 소설 낭독이라는 다른 영업까지 하게 된 것은 이 시대에 생긴 상업 문화의 새로운 모습이다.

●●

中冷釣叟

중령포의 늙은 낚시꾼

늙은 낚시꾼이 날마다 중령포에서 낚시질로 물고기를 잡았다. 작은 놈이 잡히면 도로 놓아주고, 큰 놈이 잡히면 부모가 있는데도 가난해서 봉양하지 못하는 이웃 사람에게 주었다. 어떤 사람이 그에게 잡은 고기를 왜 먹지 않느냐고 묻자, "이 늙은이는 심심풀이를 한 거지 고기를 잡은 게 아니라네[此翁取適非取魚]." 라고 낭랑한 목소리로 읊었다.

날마다 낚시터에 나가 낚싯줄 드리우고
은비늘 작은 놈이면 물속에 놓아주었네.
우연히 한 자 넘는 큰 놈 잡으면
이웃집에 주어 늙은 부모 봉양하라 하네.
日向磯頭下釣綸
銀鱗細瑣放青蘋
今來偶得魚盈尺
旋與隣家餉老親

• •

중령포는 한양 도성에서 동쪽으로 15리에 있던 포구다. 양주에서 들어오
던 물줄기가 이곳을 거쳐 한강으로 들어갔다. 이곳에 있던 다리가 중량교
中梁橋인데, 일제 치하인 1911년에 경성부 지도를 제작하면서 중랑교中浪
橋라고 잘못 표기하는 바람에 그대로 굳어 버렸다. 청계천이 복원되자 중
랑교에서 낚시질하는 모습을 쉽게 볼 수 있다.

• •

원수 갚은 며느리

이 부인은 희천熙川 지방 농사꾼이다. 시집온 지 5년 만에 남편
이 죽고, 두 살 난 유복자가 하나 있었다. 그러다가 시아버지가
이웃 사람에게 찔려 죽었는데, 부인은 관가에 고발하지 않고 시
체를 거둬 장사 지냈다. 그 뒤 2년이 지나도록 시아버지가 죽은
이유를 입 밖에 한 번도 내지 않았다. 시아버지를 죽인 자는 과
부와 고아가 자기를 두려워해 원수를 갚지 못할 것이라고 생각
하게 되었다. 그러나 부인은 밤마다 서릿발이 서도록 몰래 칼을
갈았으며, 칼 쓰는 법을 쉬지 않고 익혔다.

　시아버지의 대상(죽은 지 두 돌 만에 지내는 제사다.) 날에 마침 (장
날이어서) 고을 사람들이 많이 모였다. 부인은 칼을 몰래 꺼내 몸
을 날리며 원수를 시장 바닥에서 찔렀다. 그러고는 그의 배를 찢
어서 간을 꺼내 들고 돌아와 시아버지에게 제사 지냈다. 제사를
마친 뒤에 마을 사람을 불러, 관가에 가서 이 사실을 아뢰라고 했
다. 관가에서 "부인은 효부요, 의부요, 열부다." 하면서 살려 주
었다.

3년 동안 밤마다 칼을 갈다가
원수 앞에 달려가 가을 매 꿩 채듯 했네.
목 자르고 간을 내어 시아버지 원수를 갚고는
스스로 이웃을 불러 관가에 자수했네.
三年無夜不磨刀
作勢秋鷹快脫絛
斷頸咋肝今報舅
自呼鄉里首官曹

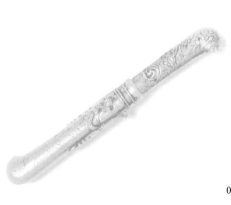

弄猴丐子

원숭이를 구경시켜 빌어먹는 거지

한 거지가 원숭이를 놀려 시장 바닥에서 빌어먹었다. 그는 원숭이를 아주 사랑해서 채찍을 한 번도 들지 않았다. 저물어 돌아갈 때는 늘 원숭이를 어깨에 얹었다. 아무리 피곤해도 그렇게 했다.

거지가 병들어 죽게 되자, 원숭이가 눈물을 흘리며 병자의 곁을 떠나지 않았다. 거지가 굶어 죽어 화장을 하자, 원숭이가 사람들을 보고 우는 시늉을 하며 굽실굽실 절하고 돈을 빌었다. 사람들이 모두 불쌍하게 여겼다. 장작불이 빨갛게 타올라 거지의 시신이 반쯤 타자, 원숭이가 길게 슬픈 소리를 지르더니 그만 불길 속으로 뛰어들어 죽었다.

시장 바닥에서 채찍을 들지 않고
놀이 끝나 돌아오는 길엔 어깨에 얹었지.
주인에게 은혜 갚으려 죽으리라 결심하고
사람 만나면 울면서 장례 치를 돈 구걸했네.
當場了不見皮鞭
罷戲歸巢任在肩
報主自拚身殉志
逢人泣乞葬需錢

해금수

내가 대여섯 살이던 때로 기억한다. 해금을 켜면서 쌀을 구걸하러 다니는 사람을 보았는데, 얼굴이나 머리털이 예순 남짓 된 사람이었다. 곡을 연주할 때마다 문득 누군가가 "해금아! 네가 아무 곡을 켜라." 하면 해금이 응답하는 것처럼 곡조를 켰다. 늙은이와 해금이 마치 영감과 할미 양주兩主 같았다. 콩죽을 실컷 먹고 배가 아파 크게 소리를 지르는 흉내도 내고, 빠른 소리로 '다람쥐가 장독 밑으로 들어갔다'고 외치는 흉내도 냈다. 남한산성의 도적이 이 구석 저 구석으로 달아나는 흉내도 정녕 그럴듯하게 냈다. 그게 모두 사람을 깨우치는 말이었다. 내가 회갑 되던 해에 노인이 다시 내 집으로 와서 예전같이 쌀을 구걸했다. 노인의 나이가 이미 100살은 넘었을 테니, 기이하다. 기이해!

영감과 할미가 콩죽 먹고 배탈 났다네.
다람쥐가 장독 밑을 뚫지 못하게 해라.
스스로 조카와 묻고 답하는데
가만히 들어 보니 모두 사람을 깨우치는 말일세.

翁婆豆粥痛河魚
鼩鼠休敎穿醬儲
自與阿咸相問答
竊聽都是警人書

남 참판南參判의 이름은 기억하지 못한다. 그가 소년 시절에 비구니 한 명을 두미斗彌로 가는 도중에 만났다. 돌아와서도 잊을 수가 없어서 병이 들었다. 그래서 장가長歌를 지어 생각을 전했다. 이에 답가答歌가 있어서 노래를 세 번 주고받았다. 그러고 나서 비구니는 머리를 기르고 남씨 집안의 측실이 되었다. 지금까지 '승가삼첩僧歌三疊'이 세상에 전한다.

아득하고 아득한 강 길에서 홀로 그대를 만나
골짜기 나무에서 날아온 꽃잎에 운우의 정이 어렸네.
세 번 거듭 비구니에게 보낸 노래가 설법보다 나아
가사를 벗고 붉은 치마 입게 되었네.
迢迢江路獨逢君
峽樹飛花映楚雲
三疊僧歌勝說法
袈裟脫却着榴裙

••

오대산에서 시작한 남한강 물줄기가 월계강이 되어 두미강과 만나면 한강
이 된다. 미호팔경 가운데 하나가 '두미강에 비친 달빛'인데, 지금의 남양
주시 두미 마을에서 조안면 조안리까지 6킬로미터가 두미강이다. 강이 깊
은 데다 길도 험하기로 이름났다.

'어와 벗님네야 이 내 말삼 드러 보소. 세상에 나온 인생 임의로 못 헐 일
은, 마음 드는 임任을 내 마음대로 못 하오면 병이 되어 죽을 터이매 기록
하노라. 우연이 두미 월계 좁은 길에 남남 업시 만나니 연광 이팔年光二八
이요.'라는 구절로 시작되는 〈승가타령僧歌打令〉이 《가집歌集》에 실려 있
는데, 이 기록과 배경이 같아 흥미롭다. 이 타령의 끝에는 '계묘 3월 29일
망월사望月寺 옥선상사玉禪上謝'라고 기록자가 적혀 있다.

••

勸酬酤

술 권하는 술장수 영감

수유리水踰里 주막 동쪽 언덕에 긴 소나무 숲과 맑은 시내가 있는데, 술 파는 영감이 그곳에 앉아 있었다. 나그네가 술을 사 마시러 들어오면 우선 한 잔을 따라서 "감히 헌수獻酬의 예절을 차리겠습니다." 하고, 자기가 먼저 쭉 들이키고 나서 잔을 씻고 다시 술을 따라 손님에게 권했다. 손님이 여러 잔을 마시면 자기도 따라서 여러 잔을 마셨다. 손님이 여러 사람 들어와도 손님 숫자대로 상대해 각각 잔을 주고받았다. 날마다 으레 50~80잔을 마셨지만, 술기운을 못 이긴 것을 한 번도 보지 못했다.

막걸리 한 사발에 돈이 두 푼인데

주인이 따르고 손님은 권하니 예절이 반듯하네.

50년 지난 지금 보이지 않아

겨울 소나무만 예처럼 맑은 샘물 가렸네.

一盃白酒兩靑錢

主酌賓酬禮秩然

五十年來君不見

寒松依舊覆淸泉

달구질 노인

달구질 노인은 양주楊州 소고리小皐里에 산다. 마을에 장사 지내는 일을 하는 사람이 있는데, 노인이 그의 소리꾼이 되어 목탁을 들고 달구질 노래를 부른다. 조용히 들으면《시경》'대아大雅'와 '소아小雅', 《서경》의 〈오자지가五子之歌〉다. 마지막에는 풍수에서 하는 묏자리의 전후좌우 산과 묘혈에 보이는 물로 길흉을 예고한다. 생각이 있는 자는 그의 설명을 기억해 두었는데 나중에 징험해 보니 하나도 잘못된 것이 없었다.

목탁을 들고 부르는 달구질 노래
《서경》의 <오자지가>요, 《시경》의 '대아', '소아'라네.
풍수가의 사수법으로 소란스럽지만
장사 지내는 사람은 허물하지 마오, 이미 앞서 아는 것이니.
金唇木舌築埋詞
五子之歌二雅詩
亂以青烏砂水法
葬家休咎已前知

••

장례가 끝나면 달구 노래를 부르며 흙을 다지는데, '회다지소리'라고도
한다. 광 속으로 관을 내려놓고 물이 들어가지 못하도록 관 주변의 흙을
단단하게 하려고 여러 사람이 늘어서서 노래에 발을 맞추면서 빙빙 돌아
땅을 다지는데, 이때 이 노래를 부른다. 마지막 작별의 순간이기에 대개는
초로 인생의 허무함과 영이별의 쓰라림을 애절하게 노래한다. 상여를 메
고 가며 부르는 상두 소리와 비슷하지만, 명당에 묘를 썼으니 망인도 마음
놓고, 자손들도 복을 받을 것이라는 사설이 덧붙어 있다.

달구질 노인이 《시경》과 《서경》을 읊었다고 했으니, 그가 산역山役으로
뼈가 굵은 사람이 아니라 몰락한 양반임을 짐작할 수 있다.

••

시 잘 짓는 도둑의 아내

원상국元上國(원씨 성을 가진 재상인데, 누구인지는 확실하지 않다.)이 송
도松都를 다스릴 때 어떤 도둑이 잡혀 와 죽게 되었는데, 도둑의
아내가 시를 잘 지어 "옛 도읍의 종소리 귀에 슬프게 들어오니
고려 500년이 이 한 소리만 남았구나."라고 했다. 이 밖에도 맑
고 놀랄 만한 구절이 많아 보는 사람마다 칭찬하지 않을 수 없
었지만, 아깝게도 전하지 않는다. 도둑의 아내도 남편의 죄에
연좌되는 법인데, 상국이 그 재주를 아껴 특별히 용서했다.

옛 도읍의 종소리 귀에 슬프게 들어오니
고려 500년이 이 한 소리만 남았구나.
달 아래 노인은 무슨 한이 그리 많아
붉은 끈을 잘못 묶어 도둑과 인연 맺어 주었나.
故國寒鍾入耳踈
高麗五百此聲餘
氤氳使者偏多憾
枉把紅繩繫了渠

당나라의 두릉杜陵 사람 위고韋固가 여행을 하다 한 노인을 만났는데, 자루에 기댄 채 계단에 앉아 달빛 아래 책을 살펴보고 있었다. 무슨 책이냐고 물었더니, 남녀의 혼인 장부라고 했다. 자루 속에는 붉은 끈이 들어 있는데, 남녀가 태어날 때 몰래 매어 놓으면 어떤 환경에서도 반드시 부부의 인연을 맺는다고 했다. (이 이야기가 널리 알려진 뒤로) 월하月下노인은 중매인을 뜻하게 되었다. 《속현괴록續玄怪錄》에 실린 이야기다.

한섬

한섬은 전주 기생인데, 황교黃橋 이 판서가 그를 집으로 데려다
가무歌舞를 가르쳐 온 나라에 명성이 자자했다. 한섬이 나이가
들어 제 집으로 돌아간 지 한 해 남짓 지나 판서가 세상을 떠났
다. 한섬이 즉시 말을 달려 판서의 묘에 이르러서는 곡을 한 번
하고 술을 한 잔 따르고, 술 한 잔을 마시고 노래 한 곡을 불렀
다. 다시 두 번째 잔을 따르고, 두 번째 잔을 마시고, 두 번째 노
래를 불렀다. 이렇게 하기를 종일 한 뒤에 자리를 떴다.

한 번 곡하고 한 번 노래한 뒤에 술 한 잔 따르니
종일 술잔 따르는 것이 윤회하는 듯하네.
기경耆卿은 이미 죽고 사사師師도 늙었으니
강남의 옥피리 소리 슬픈 걸 그 누가 알랴.

一哭一歌澆一杯
杯行終日若輪廻
耆卿已死師師老
誰識江南玉笛哀

● ●

기경은 송나라 진사 유영柳永의 자字다. 가사를 잘 지어 당시 교방악敎坊樂
의 신곡 가사는 대부분 그가 지었다고 한다. 사사는 송나라 휘종이 그리워
한 기생 이사사李師師를 가리키는데, 여기서는 기생이라는 뜻으로 쓰였다.

한편 한섬은 계섬桂纖이라고도 불렸으며, 이 판서는 이조판서를 지낸
대제학 이정보李鼎輔(1693~1766)다. 심노숭沈魯崇(1762~1837)이 지은 〈계
섬전〉에 이들의 이야기가 자세하게 실려 있어서 옮겨 본다.

계섬은 서울의 이름난 기생이다. 본디 (황해도) 송화현松禾縣의 계
집종으로 대대로 고을 아전을 지낸 집안 출신이다. 사람됨이 넉넉
하고 눈은 초롱초롱 빛났다. 일곱 살에 아버지가 죽고 열두 살에 어
머니마저 죽자, 열여섯 살에 주인집 구사丘史(임금이 종친과 공신에게

준 관노비를 가리킨다.)로 예속되었는데, 창唱을 배워 제법 이름이 났다. 그리하여 권세가의 잔치 마당이나 한량들의 술판에 계섬이 없으면 부끄럽게 되었다.

시랑侍郞 원의손元義孫(1726~1781)이 그 명성을 듣고 자기 집에 두었다. 10년을 함께 지냈는데, 계섬은 말 한마디에 의가 상해 바로 인사하고 떠났다.

대제학 이정보가 늙어 관직을 그만두고 음악과 기예로써 스스로 즐겼는데, 공이 음악을 깊이 이해해 남녀 명창이 그 문하에서 많이 배출되었다. 공이 그 가운데 계섬을 가장 사랑해 늘 곁에 두었는데, 그 재능을 기특하게 여긴 것이지 사사롭게 좋아한 것은 아니다.

악보를 보며 교습해 여러 해 과정을 거치자, 계섬의 노래가 더욱 나아졌다. 창을 할 때 마음은 입을 잊고 입은 소리를 잊어, 소리가 짜랑짜랑하게 집 안에 울려 퍼졌다. 이에 그 이름이 온 나라에 떨쳐져, 지방의 기생들이 서울에 와서 노래를 배울 때 모두 계섬에게 몰려들었다. 학사學士, 대부大夫들이 계섬을 칭찬한 노래와 시가 많았다.

계섬이 이 공의 집에 있을 때 원 시랑이 매번 이 공께 문안을 드리러 와서는 공에게 '계섬이 (자기에게) 돌아오도록 권해 달라'고 부탁했다. 누차 강요했지만, 계섬은 따르지 않았다. 이 공이 죽자 계섬은 마치 아버지의 상을 당한 것같이 곡을 했다.

그때 궁궐에 큰 잔치가 있어 국局을 설치하고, 기생들이 날마다 국에 모여 연습했다. 계섬은 국에 오가며, 아침저녁으로 공의 상식喪食을 살폈다. 국이 공의 집에서 멀었기에, 관원들이 계섬의 노고를 가엾게 여겨서 말을 빌려 국까지 타고 오게 했다. 또 계섬이 곡을 하다 목소리를 상할까 걱정하니, 곡도 못하고 훌쩍이기만 했다.

장례를 마치자 음식을 마련해 공의 무덤에 성묘를 다녔는데, 종일토록 술과 노래와 통곡을 반복하다가 돌아오곤 했다. 공의 자제들이 그 이야기를 듣고 묘지기를 꾸짖자, 계섬이 크게 한탄하고 그때부터 다시는 가지 않았다. 한량들과 노닐면서 술이 좀 들어가 노래를 하고 나면 눈물을 그치지 못했다.

뒤에 서울의 부자 상인 한상찬韓尙贊과 살았는데, 그의 재산이 엄청났다. 쓰고 싶은 대로 대 주었지만, 계섬은 답답해하며 즐기지 않다가 끝내 떠나고 말았다.

나이 마흔 남짓에 문득 부처를 사모해 산에 들어갈 생각을 했다. 관동 지방에 아름다운 산수山水가 많다는 이야기를 듣고 비녀와 가락지와 옷을 팔아 정선군旌善郡 산속에 밭을 사서 집을 지었다. 장차 떠나려 하자 예전에 함께 노닐던 서울의 자제들이 다 붙잡았다. 계섬이 술자리를 마련해 즐거움을 함께하며 부드러운 말로 사람들 하나하나에게 이별을 고하다가 탄식하며 말했다.

"공들께서 제가 떠나는 것을 만류하시는 뜻이 아주 크지만, 생각해 보셔요. 제가 아직은 늙지 않아 공들께서 어여삐 여겨 주시지만 늙어 죽게 되면 공들께서도 반드시 저를 버릴 테니, 그때 가서는 후회한들 돌이킬 수가 없습니다. 그러니 지금 제가 늙지 않았을 때 공들을 버려, 늙어서 공들에게 버림받지 않으려는 것뿐이랍니다."

계섬은 그날 곧장 필마로 떠났다. 산에 들어가 짧은 베치마를 걷어 올리고 짚신을 신었으며, 손에 작은 광주리를 들고 나물과 버섯을 캐러 산과 강을 오갔다. 밤낮 불경을 외우며 조용히 살았다.

그때 역적 홍국영洪國榮(1748~1780)이 막 권력을 놓고 집에 있으면서 마음껏 놀았는데, 구사丘史를 임금께 받을 때 계섬도 거기 끼어 있었다. 문서를 보내 계섬에게 오라고 재촉하니, 계섬이 부득이

갈 수밖에 없었다. 국영을 따라 잔치에서 노니는데, 경대부卿大夫
(높은 지위에 있는 벼슬아치를 가리키는 말이다.)들이 자리에 가득했다.
계섬이 한 곡을 부르면 그들이 다투어 비단과 돈을 내렸다. 계섬은
지금도 이렇게 말한다.

"그자들이 어찌 재주를 사랑하고 소리를 감상할 줄 알아서 그랬
겠어요. 주인에게 아첨하려는 마음뿐이니, 세상만사가 한바탕 꿈
이랍니다. 국영의 그때 일은 참으로 가소로워, 지금도 꿈속에서 손
뼉을 치며 한바탕 웃는답니다."

국영이 쫓겨나자 계섬도 기적妓籍에서 벗어나, 산속으로 돌아가
려 했다. 그때 심용沈鏞(1711~1788)이 풍류를 즐겨 계섬의 노래 듣
기를 좋아했으므로, 계섬이 그를 따라 노닌 지도 오래되었다. 그의
시골집이 경기 서쪽 파주에 있어, 계섬이 드디어 그를 따라 살기로
했다.

(그가 살던) 시곡촌柴谷村은 우리 집이 있는 미륵산에서 5리밖에
떨어져 있지 않았다. 내가 한번 가 보았더니, 그는 집 뒷산에 나무
를 엮어 울타리를 삼고 바위를 깎아 섬돌을 만들었다. 대여섯 칸
초가에 둥근 창이 그윽했으며, 병풍·책상·술동이·그릇 등이 차례
로 놓여 있는데 화사하고 깔끔해 볼 만했다. 집 앞에는 조그만 밭
을 가꿔 푸성귀를 심었으며, 마을에 논 몇 마지기를 소작 주어 그
것으로 먹고살았다. 마늘과 고기를 끊고 날마다 방에서 불경을 외
우며 지내니, 마을 사람들이 보살이라 일컬었다. 그 자신도 보살로
살아갔다.

정사년(1797) 여름 내가 (파주에 있는 집) 우상정雨床亭에서 병을
다스리고 있는데, 하루는 계섬이 나귀를 타고 찾아왔다. 나이가 62
세였는데도 머리가 세지 않고 말이 유창한 데다 기운도 씩씩했다.

자신의 평생을 이야기하다 문득 슬픈 표정을 지으며 말했다.

"제가 50 평생을 살면서 세상 물정을 많이 알게 되었습니다. 인간 세상에 즐거움이 한두 가지가 아니지만, 부귀는 거기에 들지 않습니다. 가장 얻기 힘들었던 것은 즐거운 만남이지요. 제가 젊어서부터 이름이 나라에 알려져, 저와 더불어 노닌 이들이 다 한때의 현인과 호걸이었습니다. 저들은 호화로운 집과 찬란한 비단으로 제 마음을 맞추려 했지만, 그럴수록 제 마음은 더욱 맞지 않게 되었습니다. 한번 떠나고 나자 결국은 길에 지나가는 사람 같았습니다. 이 공께서 일찍이 '지금 세상에는 너만 한 남자가 없으니, 너는 끝내 참다운 만남을 이루지 못한 채 죽을 것이다.' 하셨지요. 이는 재주와 현명함이 저만 한 이가 없다고 하신 것이 아니라, 만나기 어렵다고 말씀하신 것입니다. 그때 저도 공의 말씀이 꼭 맞을 거라고는 여기지 않았습니다. 그러나 지금 생각해 보니, 맞지 않은 게 없습니다. 아! 공은 참으로 신통하신 분입니다. 그러나 제가 무슨 말을 할 수 있겠습니까? 지난 역사를 살펴보더라도, 제대로 만난 이가 몇이나 되던가요? 저는 비록 만나지 못했지만 떠나서 스스로 즐길 수는 있었으니, 그나마 만나지 못하고도 떠나지 못해 끝내 버림까지 받은 자는 어떤 마음이겠습니까? 불교에 삼생육도三生六途(과거·현재·미래의 세상을 뜻하는 삼생과 중생이 선악善惡 때문에 윤회하는 여섯 세계인 육도를 함께 이르는 말이다.)의 설說이 있으니, 제가 계율대로 수행하면 내세에는 만날 수 있을 것입니다. 그렇지 못해도 여래如來에 귀의한 것만으로 족합니다."

계섬은 감정이 복바쳐 울먹울먹했다. 나도 크게 탄식했다.

아! 옛날의 호걸들이 스스로 그 임금을 만났다고 생각해 부귀 누리기를 그치지 않더니, 끝내 명예는 없어지고 일신은 욕을 당해 천하의 비웃음거리가 되었다. 저들은 이른바 '만났다'는 것이 반드시 '참된 만남'이 아니라는 것은 알지 못하고, 결국 스스로 (죽음을) 면치 못하는 데까지 이르렀다. 그러면서도 오히려 배회하고 돌아보면서 차마 부귀를 버리지 못하고, (그것을 잃지 않으려) 몸으로 버티면서 두려워했다.

어떤 이는 거의 보전할 듯했지만, 그 몸이 떠나지 않으면 부귀 또한 따라서 잃게 될 것을 전혀 알지 못했다. 그러니 어찌 한탄하지 않으랴! 오직 부귀의 부림을 당하지 않아야만 그 몸이 자립할 수 있으니, 만나지 못하면 그치고 만나면 행할 뿐이다. 그러나 만난다 해도 참으로 오래 행할 수 없다면, 비록 만나지 못한들 무엇을 근심하랴! 이에 권한은 내게 있는 것이니, 왕같이 높은 이일지라도 그것을 빼앗을 수는 없다. 계섬이 '내가 남을 버리지, 남에게 버림받기는 원치 않는다'고 한 말은 능히 자기를 중히 여기고 남을 가볍게 여기며, 그 이목구비를 가볍게 여기고 그 심지心志를 중히 여겨 탈연脫然히 제어당하는 바가 없으니, 그 또한 어려운 일이라 할 만하다. 그러나 유독 만나지 못한 것에는 한이 없을 수 없어 지금 늙어 백발이 된 뒤에도 잊지 못해 돌아보니, 만약 계섬에게 참다운 만남이 있었다면 꼭 그렇게 떠나지는 않았을 것이다.

계섬은 자식이 없었다. 밭을 사서 조카에게 맡겨 그 부모의 제사를 지내게 하고, 자신이 죽으면 화장해 달라고 했다. 내가 "함흥 기생 가련可憐이 죽자 그의 무덤에 '관북명기가련지묘關北名妓可憐之墓'라고 표시해 준 이가 있어, 지금도 사람들이 길을 가다가 그곳을 가리키며 알아본다." 하고 이야기하자, 계섬이 듣고 기뻐했다. 그러나 잠시 뒤에 탄식하며 "그 일이야말로 참다운 만남이군요."라고 했다. 내가 계섬의 전傳을 지어 (우리말로) 옮겨서 그에게 들려주고는 "내가 너를 알아주니, 너는 사람을 제대로 만난 것이 아니겠느냐?" 하며 서로 크게 웃었다.

(……)

무릇 세상의 명名과 실實이 이렇게 많이 어긋나는 것을 혼자 슬퍼하니, 계섬이 말한 '만나고 만나지 못하는 것'이야 말해 무엇 하겠는가?

조석중趙石仲은 9척 장신에 눈썹이 짙고, 배가 크며, 손재주가 많았다. 특히 말갈기로 망건과 갓을 잘 만들었다. 하루 걸려 망건 하나, 사흘 걸려 갓 하나를 만들었다. 망건 값은 100전이고, 갓 값은 800전이다. 돈이 생기면 곧 어려운 사람을 도와주었다. 술을 잘 마시고, 친구를 좋아하며, 신의를 중히 여겼다. 거처할 집이 없었는데, 그 대신 언제나 큰 자루를 가지고 다녔다. 쌀이 한 섬 담길 만한 크기였는데, 건곤낭이라고 불렀다. 가재도구와 의관, 신발을 모두 그 안에 넣었다. 스스로 당세의 미륵불이라고 했다.

말총 갓, 말총 망건이 그림보다 절묘해
건곤낭의 그림자가 우람하구나.
세상살이 일체를 그 속에 담았으니
세상에 바랑 진 스님들이 부끄럽구나.

髮帽髮巾畵不能
乾坤囊子影嶒崚
身家百供皆於是
慚愧人間布帒僧

차고 다니지 않은 것이 없는 박 생원

경호磬湖의 박생朴生은 오래된 집안의 자제다. 집에 있는 책이 수천 권이었는데 가난이 심해져도 팔지 않았다. 낮에는 나와 오강五江과 서울의 옛 친구들 사이에서 노닐었다. 밤에는 돌아가 부지런히 두 아들에게 글을 가르쳐 나중에 진사에 급제했다. 그가 살아 있을 때 항상 작은 대통 10여 통을 차고서 통마다 무엇인가를 넣고 다녔다. 그래서 (사람들이) '차고 다니지 않은 것이 없는 박 생원'이라고 불렀다.

사람들 사이에서 노니는 세월이 길어
옷섶 밑 대통이 댕댕 울리네.
오랜 집안 서적은 전하여 지킬 수 있어서
두 아들이 진사에 급제했네.
遊戲人間日月長
竹筒衣底響丁當
古家書籍能傳守
雁塔聯題兩少郞

··

본문의 '오강'이라는 말은 서울을 지나는 한강을 지역에 따라 한강, 용산,
마포, 현호, 서강 등 다섯으로 나눠 불러서 생겼다.

··

원장院長의 이름은 모른다. 정원定原 신안서원新安書院의 원장이다. 젊은 시절에 글 읽기를 좋아해 정주程朱(중국 송나라의 유학자인 정호程顥·정이程頤 형제와 주희를 함께 가리키는 말이다.)의 학문에 몰두했고 예학禮學을 더욱 좋아했다. 읍의 자제들을 가르쳤는데, 증참판(공을 세우고 죽은 벼슬아치·높은 벼슬을 하는 자손의 죽은 조상 등의 벼슬을 높이는 것을 추증이라 하고, 벼슬의 이름 앞에 증贈 자를 붙인다.) 백경한白慶翰 공, 증참판 한호운韓浩運 공이 모두 그에게 배웠다. 두 공이 홍경래의 난 때 순절殉節했다. 마을 사람들이 모두 "살아서는 최 원장의 훌륭한 제자였으니 죽어서 나라의 충신이 되지 않았겠는가?"라고 했다.

도적 때 난리에 놀란 마음에도 임신년 난리를 말하는 것은
강상綱常을 바로잡음에 믿을 만한 사람이 있기 때문이네.
예를 익히고 경전을 탐구하던 최 원장
일생 동안 두 충신을 길러 냈구나.

驚心寇亂說壬辛
扶植綱常賴有人
習禮窮經崔院長
一生陶鑄兩忠臣

시인 안성문은 어릴 때부터 재주가 남달라서, 한번 보면 다 기억할 수 있었다. 그런데 술 마시기를 좋아하고, 글 읽기는 좋아하지 않았다. 그러나 그가 지은 시에는 놀랄 만한 글귀가 적지 않았다.

복어가 물결 일으키니 비는 아니고
아지랑이 산에 일어나니 구름 아닐세.

울타리 살구꽃은 비 오듯 흩날리고
문 앞의 수양버들 온종일 바람 일으키네.

10년 갈림길에 다 떨어진 짚신만 남고
1000수 시 짓느라 흰 베옷만 남았네.

저녁 다듬이 소리 멀리서 들려오고

가을 제비는 다시 높이 날아가네.

이런 시는 아주 아름답다. 때로 빈틈이 있고 온전히 만들지 않았으니, 그의 성품이 성기고 세상일에 어두웠기 때문이다.

상소문을 써서 대궐 문을 두드렸고
눈 내리는 밤에는 친구 집 문도 두드렸네.
시인들이 모두 태평성대를 노래할 때는
다락에 홀로 올라가 천 동이 술을 마주했네.
一封書擬叫天閽
夜雪來敲社友門
共給詩人歌聖化
高樓百架酒千樽

●●

위항 시인 안성문의 이름은 명흠明欽이고, 호는 요암蓼庵이며, 성문은 자字
다. 안창손安昌孫이라고도 했다. 《풍요속선》에 아홉 수가 실렸는데, '시를
아주 좋아하고 술을 즐겨 마셨는데, 세상에서 뜻을 얻지 못했다. 집이 없
어 나그넷길에서 죽었다.' 하고 소개했다.

●●

장님 악사 손 씨

장님 악사의 성은 손씨인데, 점은 잘 치지 못하고 가곡을 잘했다. 동국東國 우조羽調('우'음을 으뜸음으로 해 맑고 씩씩한 느낌이 나는 음조다.)와 계면조界面調(슬픈 느낌이 나는 음조다.)의 고저·장단 스물네 가지 소리 가운데 어느 것이나 다 잘했다. 그가 날마다 거리에 앉아 큰 소리나 가는 소리를 하다가 절정에 이르면, 마치 담처럼 둘러서서 듣던 자들이 엽전을 비 오듯 던졌다. 그는 손으로 쓸어 보아 100푼쯤 되면 곧 일어나 가면서 "이만하면 한번 취해 볼 만큼 밑천이 생겼다." 했다.

눈을 찔러 장님 된 악사 사광師曠이던가
동방의 가곡 스물네 소리를 다 통달했다네.
가득 모여 100푼 되면 술에 취해서 가니
어찌 반드시 군평을 부러워하랴.
史傳師曠刺爲盲
歌曲東方卄四聲
滿得百錢扶醉去
從容何必羨君平

••

엄군평嚴君平은 한나라 때 이름난 점쟁이인데, 복채가 100푼만 생기면 곧 술을 마셨다. 길거리의 가객 손 봉사도 그를 본받아 술값 이상은 벌지 않았다.

••

一枝梅

일지매

일지매는 의협심 많은 도적이다. 늘 탐관오리들의 재물을 털어, 처자를 봉양하지 못하거나 어버이의 장사를 지내지 못하는 자들에게 흩어 주었다. 그는 처마를 나는 듯 건너뛰고 벽을 타기도 했는데, 마치 귀신처럼 민첩했다. 그래서 도적맞은 집에서도 어떤 도적인지를 알지 못했다. 그는 (도적질할 때마다) 붉은색으로 (자기의 별명인) 일지매를 스스로 새겨, (자기가 훔쳐 갔다는 것을) 표시했다. 아마도 다른 사람을 원망하지 말라는 뜻인 듯하다.

추재기이

붉은 매화 한 가지를 표시하면서
탐관오리의 재물 털어 여럿에게 나눠 주네.
천고에 불우한 영웅 많았으니
옛날 오강에도 비단 돛배가 왔다네.

血標長記一枝梅
施恤多輸汚吏財
不遇英雄千古事
吳江昔認錦帆來

●●

일지매 고사는 명나라 작가 능몽초凌濛初(?~1644)가 지은 화본話本(중국 당
나라 때 생겨 송나라·원나라에서 널리 퍼진 백화白話, 즉 구어체 소설이다.)《이각박
안경기二刻拍案驚奇》제39집의 나룡爛龍 이야기에서 시작되는데, '신비로
운 도둑은 흥에 넘쳐 매화 한 가지를 남기고, 협객 같은 도둑은 삼매경에
빠져 곧잘 장난을 치네[神偸寄興一枝梅 俠盜慣行三昧戲].'라는 회목回目(장章
이나 회回로 나뉘는 회장체 소설의 작은 제목으로서 흔히 일곱 글자 두 구로 표현
했다.)에 일지매라는 이름을 썼다. 나룡이 태어난 이야기는 이렇다.

우리나라 가정嘉靖(명나라 세종 때의 연호다.) 연간(1522~1566)에 쑤저
우蘇州에 신출귀몰하는 나룡이라는 도적이 있었는데, 이룩한 사적이
상당히 많았다. 비록 도적이었으나 의로운 정신이 넘치고 장난기가

많아 수많은 웃음거리와 들을 만한 얘깃거리를 남겼다.

(……)

각설하고 쑤저우 성곽 농쪽의 현묘관玄妙觀 앞 첫째 골목 안에 한 사람이 살고 있었는데, 그의 본 이름은 알 수가 없었다. 훗날 그 자신이 스스로 나룡이라고 불렀다. 사람들도 그를 나룡으로 부르게 되었다. 그의 어미는 원래 시골에 살고 있었다. 길을 가다 우연히 비를 만나 낡은 사당에 들어가 비를 피했다. 사당은 알고 보니 초혜삼랑묘草鞋三郞廟였다. 그의 어미는 오래 앉아 기다려도 비가 그치지 않자 그만 깜빡 잠이 들고 말았다. 꿈에 신도神道(귀신을 높여 이르는 말이다.)가 나타나 그녀와 교감交感했다. 집으로 돌아오니 임신이었다. 만 열 달이 되어 바로 나룡을 낳았다.

나룡의 도둑질 솜씨를 칭찬하는 노래는 이렇다.

부드럽기는 뼈가 없는 듯, 가볍기는 바람을 탄 듯하네. 지붕과 대들보에도, 담장과 벽 위에도 나는 듯이 바람같이 뛰어 오르내리며 입으로는 닭과 개와 고슴도치와 쥐의 소리까지 내고, 손으로는 피리와 북과 거문고 소리까지도 못 하는 게 없네. 새 지저귀듯 악기 소리 내듯 틀림없이 닮았고 귀신같이 출몰하고 비바람처럼 오가니 천하에 짝이 없는 으뜸가는 대도일세.

이 도둑을 나룡, 또는 일지매라고 부른 이유는 다음과 같다.

종일이라도 잠잘 수 있고 변화무쌍하게 변신하기가 용과 같기에 사람들은 그를 나룡이라고 부르게 된 것이다. 그는 가는 곳마다 물건을 손에 넣기만 하면 벽에 매화 한 가지를 그려 두고 나왔다. 검은 벽에는 하얀 분으로 흰 글자를 쓰고 분이 칠해진 벽에는 숯으로 검은 글자를 썼다. 결코 비워 두고 나오는 법이 없었으니, 사람들은 그를 일지매라고도 부르게 되었다.

　일지매 이야기가 우리나라에 전래된 흔적 가운데 가장 오래된 것은 1762년에 완산 이씨完山李氏가 만든 《중국소설회모본中國小說繪模本》에 보이는 그림이다. 궁중 화원畫員 김덕성金德成(1729~1797)이 그린 128폭의 그림 가운데 〈벽화지매壁畵枝梅〉가 바로 중국 소설의 일지매 삽화를 보고 그린 증거다. 조수삼의 《기이紀異》 뒤로는 홍길주洪吉周(1786~1841)의 《수여연필睡餘演筆》에 일지매 이야기가 실렸는데, 그 역시 중국 백화소설에 실린 이야기가 들어왔다고 설명했다.

　우리나라 사람이 거리에서 주고받는 상말이나 어린아이나 부녀자들이 전하는 《어면순禦眠楯》(연산군·중종 대에 송세림宋世琳이 음란하고 방탕한 이야기와 우스운 이야기를 모아 엮은 책으로 제목에는 '졸음을 막는 방패'라는 뜻이 있다.)은 어느 것 하나 중국 사람이 편찬한 패서稗書 가운데 실리지 않은 것이 없다. (……) 큰 도적 중에 일지매라는 자를 두고 어떤 이는 정익공貞翼公 이완李浣(1602~1674. 효종 때 군의 요직을 두루 지낸 무관이다.)이 포도대장을 하던 때의 사람이라고 하기도 하고, 어떤 이는 장붕익張鵬翼(1646~1735. 이인좌의 난을 진압할 때 공을 세운 무관이다.)이 대장 노릇할 때의 사람이라고 한다. 그런데 나중에 (중국의) 《환희원가歡喜寃家》라는 책에서 그 이름을 보았다.
　(최용철, 〈의적 일지매 고사의 연원과 전파〉 발췌·인용.)

● ●

홍씨네 도둑 손님

남양 홍씨南陽洪氏 가운데 부자가 있었는데, 손님 접대를 좋아했다. 어느 날 길손이 비를 피해 대문 앞에 서 있는 것을 보고 사랑채로 맞아들였다. 이야기를 나눠 보니 그 손님은 시를 잘 짓고 술도 잘하며 바둑과 장기도 잘 두었다. 주인은 몹시 반가워서 그 손님을 붙들었다. 비는 종일 내렸다. 그날 밤중에 손님이 피리를 꺼내며 말했다.

"이게 관경골鸛脛骨입니다. 한 곡 들어 보시겠습니까?"

한 곡을 부는데, 피리 소리가 더없이 청아하고 고요하게 흘러나왔다. 어느덧 비는 그치고 구름 속에서 달이 나와 뜰을 맑게 비추고 있었다. 주인의 흥취가 웬만큼 오르자 손님이 갑자기 단검을 뽑아 들었다. 서릿발 같은 기운이 등불에 부딪쳐 칼 빛이 번쩍였다. 주인이 깜짝 놀라 부들부들 떠는데, 창밖에서 말소리가 들렸다.

"저희가 다 와 있습니다."

손님이 칼을 뽑아 왼손으로 주인의 손을 잡고 "주인이 어지신 분인데, 내가 차마 다 가져갈 수 있겠소?" 하더니 밖에 명령을 내렸다.

"모든 물건을 반으로 나눠서 실어 가라. 저 검정나귀는 나눌 수 없는 것이니 남겨 두어, 어지신 주인께서 손님에게 후하게 접대하신 뜻에 보답하라."

"예!"

(얼마 뒤에) 다시 아뢰었다.

"공사를 다 마쳤습니다."

그 손님이 일어나서 읍하고 떠났다. 주인이 가재도구를 조사해 보니 크고 작은 물건들을 모두 반으로 나누어 가져갔고, 집안에 상한 사람은 하나도 없었다. 그런데 검정나귀도 보이지 않았다. 주인이 집안사람들을 단속해 입을 막아 두었다.

이튿날 오정쯤에 검정나귀가 등에 초草망태를 얹고 돌아왔는데 초망태 안에 글쪽지가 들어 있었다.

"완악頑惡한 부하가 명령을 어겨, 삼가 그 머리를 바쳐 사과합니다."

등불 앞에 칼 번쩍여 가을 물결 춤추고
황새 뼈[鸛骨] 피리 소리에 비가 그쳤네.
모든 물건 반으로 나누라는 명령을 부하가 어겨
초망태에 머리 담아 주인에게 사과했네.

燈前揮霍舞秋濤
鸛骨簫聲截雨高
百物中分違令卒
包頭驟帋謝鄕豪

호랑이를 때려잡은 사람

계해년(1803) 섣달그믐에 속리산 밖 신애촌新崖村에서 선비들이 한 집에 모여 술을 마시며 새해를 맞고 있었다. 밤이 아직 깊지 않았는데, 웬 사나이가 맨발로 뛰어들었다. 옷은 다 찢어지고 핏자국이 낭자했다. 급한 목소리로 말했다.

"내가 지금 시장해 죽겠으니, 배부르게 먹여 달라."

여러 사람이 놀라고 두려워서 곧 술과 고기와 떡과 국을 모아 주자, 열 사람 몫을 다 먹어 치웠다. 그러고 나서야 말했다.

"내 집은 (영)월越에 있는데, 그제 밤에 늙으신 아버님이 호랑이에게 물려 가셨소. 그래서 급히 쫓아 나섰지요. 멀리 달아나는 놈을 사흘 밤낮 놓치지 않고 쫓아가다가, 조금 전에야 동산 뒤에서 죽였소."

(사람들이) "(영)월이 여기서 몇 리나 떨어졌소?" 하자, "300여 리는 되오. 내일 새벽이면 닿을 테니, 버선과 신을 빌려 주시오." 라고 말했다. 주인이 빌려 주자, 그는 떠났다. 사람들이 햇불을 들고 같이 가 보니, 과연 그가 때려죽인 호랑이가 소보다 컸다.

베잠방이에 맨발로 눈 속을 헤쳐 와서
한밤중에 호랑이 잡은 소식을 들려주었네.
월주가 여기서 300리라던데
그 밤으로 집에 돌아가 새해 아침을 맞았다네.

短衣徒跣雪中行
夜半驚聞打虎聲
見說越州三百里
還家猶足拜新正

김오흥은 서강西江에서 배를 부리는 사람이다. 힘과 용기가 남보다 뛰어나, 읍청루挹淸樓 처마에 올라가 기왓골에 발을 걸고서 거꾸로 가기도 했다. 제비나 참새보다도 재빨랐다. 길에서 말썽이 일어난 것을 보면 언제나 약자를 편들고 기우는 쪽을 부축해, 자기의 목숨까지도 돌아보지 않았다. 오흥이 있어서 마을 사람들은 옳지 못한 일을 감히 행하지 못했다.

높은 다락집이 강가에 우뚝한데
날랜 몸 뛰어올라 새같이 달라붙었네.
약한 자 편들고 가난한 자 도우니
이웃에 억울한 사람 누가 있으랴.
樓簷千尺壓江濤
飛蹴身如倒掛禽
扶弱恤窮嗟莫及
傍人誰有不平心

••

읍청루는 마포에 있었는데, 훈련도감 별영別營에 속했던 누대다. '푸른 물
을 누르는, 또는 떠 올리는 누대'라는 뜻이니, 여러 지방 강가에 같은 이름
의 누각이 있었다.

••

팽 씨는 부잣집 아들이었는데, 재산이 10만 냥이나 되었건만
욕심에 차지 않았다. 그래서 장사를 해 큰 이익을 얻어 보려고,
산갓을 도거리(되사거나 되팔지 않기로 약속한 거래다.) 하기로 했다.
먼저 3000꿰미를 들여 산갓 밭에서 거둬들인 것을 몽땅 샀다.
장안에 산갓의 씨가 말랐을 것이라고 생각했는데, 가을이 되자
산갓 사라고 외치는 자가 끊이지 않았다. 그래서 2000관을 더
사들였더니, 그제야 산갓이 달려 구하기가 어려워졌다. 그러나
민간에서 세 개에 1전 하는 쓴 산갓을 누가 사랴. 사는 사람이
하나도 없었다. 겨울이 지나고 봄이 되자 산갓이 썩고 벌레가
생겨, 어쩔 수 없이 물에 내버렸다. 팽 씨는 손해를 벌충하려고
날뛰었지만, 다시 손댄 일에 낭패를 보았다. 가산을 들어먹고
빈주먹으로 나서게 되자, 병이 들어 미치고 말았다. 산갓 가루
를 쥐에 묻혀 씹어 먹으며 거리를 돌아다녔다. 팽 씨네 집 사람
들이 쟁라絳羅로 날을 보냈기 때문에, 시정 사람들이 '팽쟁라'
라고 불렀다.

해진 저고리 찌그러진 갓에 머리는 헝클어져
중얼중얼 걸어가며 죽은 쥐를 씹는구나.
누가 알랴! 그 옛날 팽십만인 줄.
쟁라 집이 본디 산갓 도고都庫였다네.

裂衫隤笠鬢鬅鬠
唧唧行唵鼠子靶
誰識當年彭十萬
絳羅家本榷椒家

•••

팽 씨는 다른 상인이 독점으로 큰돈을 버는 것을 보고, 자기도 매점 매석
으로 큰 이익을 얻어 보려 했다. 그러나 상품 선정을 잘못했다. 백성에게
꼭 필요한 물품을 골라서 독점해야 했는데, 산갓을 선정한 것이다. 산갓은
십자화과十字花科에 속하는 식물인데, 줄기에 신맛이 있어서 먹을 수 있었
다. 그는 무엇이든 독점하면 값이 오를 것으로 생각했지만, 산갓은 꼭 필
요한 물품이 아니었다. 조수삼이 표현한 것처럼, 누가 쓴 산갓을 세 개에
1전씩 주고 사다 먹으랴. 두 차례 독점에 품귀해지기는 했지만, 값이 오르
기는커녕 아무도 사 먹지 않았다. 그는 결국 미쳤다. 조수삼은 이익에 눈
이 어두워져 아무것이나 팔려다 결국은 미쳐 버린 팽 씨를 통해 이익에 눈
이 먼 사회 풍조를 풍자했다.

••

이야깃주머니

이야깃주머니 김 옹金翁은 이야기를 아주 잘해서 듣는 사람들이 다 거꾸러지지 않을 수 없었다. 김 옹이 이야기의 실마리를 잡아 살을 붙이고 양념을 치며 마음대로 끌어 가는 재간은 참으로 귀신이 돕는 듯했다. 익살꾼 가운데 대장이라고 할 만하다. 가만히 그의 이야기를 새겨 보면, 세상을 조롱하고 개탄하며 풍속을 깨우치는 말들이었다.

지혜가 구슬같이 둥글어 힐중에 비할 만하니
어면순이 골계의 으뜸일세.
산꾀꼬리 들따오기가 서로 송사하니
늙은 황새 판관이 공정하게 판결하네.
智慧珠圓比詰中
禦眠楯是滑稽雄
山鶯野鶩紛相訟
老鸛官司判至公

《어면순》에서 김 옹의 이야깃거리가 많이 나온다는 뜻도 있지만, 이 시에서 '어면순'은 그 사람 자체를 가리키는 말이기도 하다. 황새 판관의 이야기는 방각본(조선 후기에 민간 출판업자가 펴낸 책을 가리킨다.) 소설집《삼설기三說記》에 실려 있는데, 꾀꼬리와 따오기가 서로 노래를 잘한다고 자랑하다가 황새에게 판결을 받는다는 줄거리다.《삼설기》에는 단편이 아홉 편 실렸는데, 이 이야기의 제목은 '황새결송決訟'이다. 힐중은 지혜의 상징인 문수보살보다도 지혜로웠다는 유마힐을 가리킨다. 힐중의 뜻을 가르쳐 주신 익명의 독자에게 감사드린다.

임희지林熙之는 자字를 희지, 또는 수월水月이라고도 했으며, 역관譯官이었다. 술을 좋아하고, 생황을 잘 불었으며, 난蘭과 대[竹]를 치기도 했다. 천성이 기이한 것을 좋아했다.

　사는 집은 뜰 앞에서 말 한 마리도 돌릴 수 없을 만큼 좁았지만, 그 가운데 못을 파고 옆으로 길을 내 혼자 겨우 지나갈 수 있었다. 못에는 연꽃을 심고 물고기를 길렀다. 눈 내린 겨울 새벽에 달이 밝으면 머리에 쌍상투를 틀고 몸에 우의羽衣를 떨쳐입은 다음, 제오교第五橋 위에서 생황을 불었다. 지나가던 사람들은 신선이 아닌지 의아해했다.

우의에 쌍상투로 한밤중 생황을 부니
눈 덮인 제오교에 달빛 희구나.
슬기운 도도히 흐르는 손끝으로
신 나게 그린 대와 난초가 대청에 가득 찼네.
羽衣雙髻夜吹笙
第五橋頭雪月明
酒氣指間流拂拂
滿堂蘭竹寫縱橫

• •

임희지(1765~?)의 전기는 조희룡이 지은 중인 전기집인《호산외기》에 아
래와 같이 자세하게 실려 있다.

임희지의 호는 수월도인水月道人이니, 중국어 통역관이다. 사람됨
이 비분강개해 기백과 절조가 있었다. 둥그런 얼굴에 뻣뻣한 수염
을 길렀으며 키는 8척이나 되었다. 특출하면서도 속 깊은 모습이
마치 도사나 선인仙人 같았다. 술 마시기를 좋아해서 어떤 때에는
밥도 거른 채 몇 날씩이고 술에서 깨어나지를 못했다.
　대나무와 난초를 잘 그렸는데, 대나무는 표암豹庵 강세황姜世晃
과 비슷하게 이름을 날렸지만 난초는 그보다 훨씬 나았다. 그림을
그릴 때마다 수월水月이라는 두 글자를 반드시 덧붙였다. 어떤 때

에는 부적 같은 것을 화제畫題로 그려 넣기도 했는데, 알아보기가 어려웠다. 글자의 획이 기이하고도 예스러워서 인간의 글자라고는 할 수가 없었다.

그는 또 생笙을 잘 불었는데, 많은 사람들이 그에게서 배웠다. 집이 가난해서 값나갈 물건은 없었지만 거문고와 칼, 거울, 벼루는 지니고 있었다. 그 가운데서도 구슬로 장식된 옛 붓꽂이는 값이 7000냥이나 했으니, 살고 있는 집값의 갑절이나 되었다.

그는 또한 첩 하나를 데리고 있었는데, "내 집 뜰에다 꽃 한 송이 심지 않았으니, 네 이름을 화일타花一朶(꽃 한 송이다.)라고 부르는 게 좋겠다." 하고 그렇게 불렀다.

살고 있는 집이래야 서까래도 몇 개 안 되고 빈 터도 얼마 없었지만, 사방 몇 자씩 되는 못을 반드시 파 놓았다. 그러나 샘물이 솟아나지 않았으므로 쌀 씻은 뜨물 같은 것을 쏟아 부어서 못물이 늘 혼탁했다. 그래도 그는 언제나 못가에 앉아 노래 부르며 "내가 수월水月의 뜻을 저버리지 않았으니, 저 달이라고 어찌 깨끗한 못물만 골라서 비추겠는가?"라고 말했다. 다른 책은 없었지만 《진서晉書》 (당나라 태종의 지시로 펴낸 진나라의 정사正史로서 현존하는 자료 중 진나라의 역사를 보여 주는 것으로는 유일하다.) 한 권만은 꼭 지녔다.

언젠가 배를 타고 (강화) 교동喬桐에 가는 길이었는데, 바다 한가운데 이르러 큰 비바람을 만났다. 배가 위험하게 되자 타고 있던 사람들이 모두 어쩔 줄을 모르고 부처나 보살을 찾았다. 그러나 임희지만은 갑자기 껄껄 웃으면서 검은 구름과 흰 파도가 출렁거리는 가운데 일어나 춤을 추었다.

바람이 고요해진 뒤에 어떤 사람이 그 까닭을 물었더니 "죽음은 늘 있는 것이지만 바다 한가운데서 일어나는 비바람의 장한 경치는 쉽게 볼 수가 없다오. 내 어찌 춤추지 않을 수 있겠소?"라고 대답했다.

그는 이웃집 아이에게서 거위 깃털을 얻어다 옷을 엮어 짰다. 달 밝은 밤이면 쌍상투를 틀고 신발도 벗은 채로 깃털옷을 입고 생을 비껴 불었다. 그런 모습으로 네거리를 지나갔더니 순라군(조선 시대에 도둑과 화재 같은 것을 경계하며 궁궐과 장안의 안팎을 돌던 군졸이다.)이 보고서 귀신이라고 놀라며 모두 달아났다. 그 미친 짓거리가 대개 이와 같았다.

일찍이 나를 위해 바위 하나를 그려 주었는데, 붓을 몇 번 대지 않고서도 그 윤곽이 드러났다. 그 영롱한 분위기란 참으로 기이한 솜씨였다.

朴孝子

박효자

박 효자의 이름은 지순志順이고, 통영統營의 장교다. 부모를 잘 봉양했는데, 병이 들자 얼음 속의 잉어와 눈 속의 죽순을 구해 드렸다. 상을 당하자 산속에서 여막廬幕 살이를 했는데, 호랑이가 와서 지켜 주었다. 아낙네와 아이 들은 그 일을 알지 못하고, 그가 문을 나서 다니는 것을 보면 "호 공虎公이 온다. 호 공이 와." 하고 외쳤다.

눈 속의 죽순과 얼음 속의 잉어가 믿을 만하니
여든에 어버이 잃고도 오히려 슬퍼했네.
여막 살이에 호랑이까지 개처럼 길들어
무덤에서 밤새워 오가며 지켜 주었네.
雪筍氷魚事信哉
思親八十尚含哀
廬傍有虎馴如犬
上塚晨昏護往來

••

중국 진晉나라 때의 효자 왕상王祥이 계모에게 지극히 효성스러웠는데, 추운 겨울날 계모가 물고기를 먹고 싶다고 했다. 왕상이 시냇가에 나가 물고기를 잡기 위해 얼음을 깨려 하자, 얼음이 갑자기 저절로 깨지면서 잉어 두 마리가 튀어나왔다. 왕상은 벼슬이 태보太保(주周나라 때의 벼슬이다. 태사太師·태부太傅와 삼공三公의 하나로서 천자를 보살피는 재상직이다.)까지 올랐다.

오나라 효자 맹종孟宗이 어렸을 때 추운 겨울날 대숲에 들어갔다가 어머니가 즐기는 죽순이 없는 것을 슬피 탄식하자, 눈 속에서 갑자기 죽순이 솟아났다. 맹종은 뒷날 벼슬이 사공司空(고대 중국에서 토지와 관련된 일을 맡아보던 벼슬아치다.)까지 올랐다.

그 뒤부터 죽순과 얼음 이야기는 효자의 상징으로 많이 쓰였다.

••

裴先達 **배
선달**

배 선달은 안성 사람으로, 무과에 급제했다. 나이 서른 남짓 되자 밤마다 나가 새벽녘에야 돌아왔는데, 몸은 늘 젖었고 눈은 붉어져 있었다. 아내가 이상하게 생각해, 한번은 그가 나갈 때 몰래 뒤따라갔다. 선달은 호랑이 무리 속으로 들어가더니, 역시 호랑이가 되었다. 아내가 크게 놀라 소리치자 호랑이들이 놀라 흩어졌다. 배 선달도 다른 호랑이들과 한가지로 달아났다. 그 뒤부터 호랑이가 오면 마을 사람들은 '배 선달이 왔다'고 했다. 호랑이도 그 말을 들으면 머리를 숙이고 귀를 늘어트리며 부끄러운 듯 재빨리 달아났다.

추재기이

무과에 급제하고 호랑이로 변해
금빛 눈동자 쇠갈고리 발톱이 번쩍번쩍 빛나네.
마을 사람들 호랑이를 만나면 배 선달이라 부르니
호랑이도 부끄러운 줄 알아 사람 멀리 피하네.
虎榜榮名變虎身
金瞳鐵爪暎霖霖
相逢輒呼裴先達
猶解羞生遠避人

••

무와 호는 중국어에서 음이 같은 데다 뜻도 통해, 무
과 급제를 호방이라고도 했다. 《삼국유사》에서 주
나라 무왕武王을 호왕虎王이라고 표기했는데, 이것
도 고려 혜종惠宗의 휘인 무武를 피하려고 소리가
같은 호虎 자를 쓴 것이다. 이 시에서는 무
과 급제자가 호랑이로 변한 사실
을 강조하려고 일부러 호
虎 자를 두 번 썼다.

••

朴
鷦
鷯
　박
　뱁
　새

뱁새의 형은 황새장사라고 불리니, 넓적다리가 길고 힘이 세기
때문이다. 박 뱁새는 키가 석 자도 채 되지 않고 얼굴 크기는 대
여섯 살 난 아이와 같기 때문에 뱁새라고 불렸다. 뱁새는 소리
흉내를 잘 내, 입으로는 생황과 퉁소를 불고, 코로는 거문고와
비파를 연주한다. (한 사람의 입과 코로) 함께 연주하는데도 소리
가 이어지고 화음을 잘 이루므로, 세상 사람들이 절묘한 악대라
고 평했다.

노래도 아니요 휘파람도 아닌데 구름과 하늘에 솟구치니
코로는 거문고와 비파, 입으로는 생황과 퉁소라네.
협객의 소굴에 좋은 음악에 우스갯소리까지 떠다니니
형님은 황새요, 아우는 뱁새라네.

非歌非嘯遏雲霄
鼻有琴琶口管簫
俠藪佳聲添笑話
阿兄鸛鶴弟鷦鷯

●●

강이천姜彛天(1768~1801. 조선 정조 대에 문명文名이 높았으나, 가톨릭교 박해 사건
인 신유박해로 처형되었다.)이 지은 〈이화관총화梨花館叢話〉에도 성대모사를
잘해서 먹고사는 거지 이야기가 실려 있다. 그 거지는 〈영산회상靈山會相
〉(석가모니가 불교의 교의를 풀어 밝힌 영산회의 부처와 보살을 노래한 악곡이다.) 한
곡을 혼자서 소리 냈으니, 움직이는 관현악단이라고 할 수 있다.

●●

총각은 문성공文成公 이이李珥의 서얼 후손이다. 다른 재능은 없
지만 고을의 기생들에게 인기가 있어, 성에 들어가면 기생들이
다투어 모셔다가 술과 음식을 배불리 대접하고 옷도 해 입혔다.

철 따라 음식과 옷에 술까지 대접하건만
재산 없는 신세에 재주까지 없다네.
아름다운 여인도 선현의 후예를 중히 여겨
자기네 집에 이 총각이 왔다고 다투어 자랑하네.
時食時衣美酒杯
無財身世又無才
佳人亦重先賢裔
爭說儂家總角來

벙어리 방한

벙어리의 성은 최씨인데, 손짓 발짓으로 마음속 뜻을 잘 드러냈다. 관기官妓와 사창私娼을 모두 관할했으므로, 날마다 부잣집 자제들을 맞이해 화류계에 흠뻑 빠져 지냈다. 한평생 신의를 어긴 말이 한 마디도 없었기에, 풍류를 즐기는 남녀 가운데 그를 아끼지 않는 자가 없었다. 비록 입는 옷이나 재물은 부족했지만, 부잣집 자제들과 격 없이 지냈다.

만약 황혼이 아름답다고 말하려면
손가락을 해처럼 둥글게 하고 서쪽을 비껴 보네.
사람 만나면 꽃가지 잡고 혼자 웃으니
소년들이 글자 없는 수수께끼를 다투어 추측하네.
若曰黃昏有美兮
指圍如日睨橫西
逢人獨把花枝笑
少年爭猜沒字謎

●●

벙어리 방한은 장안의 부잣집 자제들에게 기생을 대 주는 일을 했다. 허우
대도 좋고 손짓 발짓으로 하고 싶은 말은 다 했으니 기생과 손님 사이에서
흥정을 잘 붙였다. 그들 사이의 은밀한 관계에 대해서는 철저히 입을 다물
었기 때문에 벙어리라고 불렀다. 그렇게 해서 벌어들인 돈으로 부잣집 자
제같이 차려입고 돈을 썼다.

●●

斑豹子 **반표자**

박동초朴東初는 강계江界의 무사다. 활과 총을 잘 쏘고 힘이 세서, (압록강을) 지키는 장수가 되었다. (건너편에서) 인삼을 몰래 캐려고 오던 자들이 감히 압록강을 건너지 못했다. 그들은 서로 '압록강을 건너려면 반표자를 피하라'고 경계했다. 반표자는 동초의 얼굴이 얼룩덜룩 추하게 생겨서 붙은 별명이다.

시위 튕기는 소리로 담비 사냥꾼 놀래며
압록강 네 고을을 손안에 잡았네.
가장 무서운 사람이 조선의 반표자니
인삼 캐려고 압록강 가에 가까이하지 마라.
弦聲驚殺獵貂群
四郡山川指掌分
最是朝鮮斑豹子
挖蔘休近綠江濆

••

사군四郡은 세종 때 서북 방면의 여진족을 막으려고 압록강 상류에 설치한
국방상의 요지로서 여연군, 자성군, 무창현, 우예군 등이다. 사군의 설치
로 함경도 북방의 6진과 더불어 우리나라의 북쪽 국경이 압록강과 두만강
상류에까지 미치게 되었다. 그러나 세종이 세상을 떠난 뒤에 북방 개척 사
업이 제대로 추진되지 않고 사군을 유지하기 힘들게 되자, 단종 3년(1455)
에 여연·무창·우예, 세조 5년(1459)에 자성군을 폐하고 주민들을 강계로
옮겼다. 그 뒤 이 일대는 폐사군이라 불렸는데, 영토를 포기한 것은 아니
고 국경 방어선을 임시로 후퇴한 것이었다. 그러다 18세기 후반에 실학자
들이 이 지역을 군사 방어의 거점으로 개발하자고 주장했다.

••

李仲培

이중배

이중배는 거간꾼들의 우두머리다. 한번은 같이 다니는 젊은이 열 명에게 1000전씩 추렴하며 이렇게 약속했다.

"오늘 밤 가까이할 만한 경국지색이 하나 있는데, 1000전이면 술 마시며 함께 지낼 수 있을 걸세."

한 사람 한 사람에게 이렇게 하고서 그들 간에는 서로 모르게 했다. 저녁이 되자 열 사람이 모두 도착해서 물처럼 반질거리는 유지창油紙窓에 등불이 푸르게 빛나고 고운 그림자가 어리는 것을 보았다. 사람들은 저마다 저 아홉 사람은 왜 와서 일을 그르치나 하고 생각했다. 이중배가 혀를 차고 욕을 하며 자꾸 드나드니까 이중배도 자기를 뺀 나머지 아홉 사람을 미워해서 그런다고 여겼다. 어느덧 닭이 울고 날이 샜다. 그들로부터 만 전을 거둬들인 이중배는 싸구려 술과 나물 안주를 갖추어 대접하고 보냈다. 열 사람은 그래도 그의 술수에 넘어간 줄 몰랐다.

사내 열 명이 앉아서 돌아가지 않는 것은
주렴 너머 꽃 같은 그림자가 잠깐 어렸기 때문이네.
행중에서는 오히려 돈을 추렴해
술수에 넘어가 이중배에게 주었네.
十箇兒郞坐不廻
隔簾花影乍徘徊
行中尙有三毛釀
騙局相傳李仲培

셋째 행의 '행중行中'은 길을 함께 가는 모든 사람을 뜻한다.

동네 어귀 사는 삼월이

"처녀에게 배필이 많으니 동네 어귀 사는 삼월이로다."는 〈한양요〉의 노랫말로 삼월이 때문에 지어진 것이다. 삼월이는 쉰 살인데도 항상 처녀처럼 화장을 했다. 떡과 엿을 팔아 연지와 분을 사서 아침저녁으로 화장을 했는데, 아마도 남자면 다 남편 감이기 때문일 것이다. 한번은 취한 삼월이가 효수된 머리 앞으로 가더니 뺨을 때리며 말했다.

"초가삼간도 들어가 뺏으면 벌을 받는데 구중궁궐이야 어떠하겠느냐? 너는 역적일 뿐 아니라 정말 우매한 놈이다."

새매처럼 용감한 마음을 지닌 채 아름다운 눈썹 그리고
효수된 머리 앞에 가 뺨을 때렸네.
쓰러져 가는 초가삼간도 빼앗을 수 없는데
구중궁궐을 엿볼 수 있겠느냐며.

鷹鸇衷性畵蛾眉
藁蕆當前批頰兒
破屋三間禁奪入
九重城闕乃能窺

酒泉婦 **주천의 아낙**

원주 주천에 사는 농부 김 씨와 그 아내인 이 씨는 모두 무지렁이 평민이다. 어느 날 저녁 눈보라가 심하더니 한밤중에 사립문을 열고 들어오는 자가 있었다. 살펴보니 사람은 없고 "내가 추위가 두려워 너희 집에 얹혀 지내야겠다." 하는 소리가 들렸다. 아침에 일어난 김 씨와 이 씨는 둘다 꿈을 꾸는 듯 정신이 나간 듯한 상태에서 말했다.

"시를 지을 수 있는 사람이 있으면 와서 나와 수창하자."

사람들이 이상하게 여기며 방석 짜는 것에 대한 시를 한번 지어 보게 했다. 그러자 부인이 즉시 이렇게 읊었다.

많은 병사가 말 한 마리에 탔으니
열흘이 되도록 가지 못하는데
반쯤 타고 앉은 은안장 무겁지만
길게 흩날리는 옥대는 가볍구나.
(5구, 6구는 없어졌다고 원문에 기록되었다.)

일 끝낸 뒤 해 놓은 일 수습해 시험해 보니
높은 마루 앉은자리가 훤하구나.

이에 원주의 선비들이 날마다 찾아왔다. 겨울부터 봄까지 지은 시가 300여 수였는데 모두 청신淸新하고 뛰어났다. 사람의 솜씨로 이룰 만한 것이 아니었으나 흩어지고 없어져 전하지 않으니 안타깝다. 어떤 구에 '뾰족뾰족 황소가 모여 있고 자디잔 백단이 환하구나.'라고 했다. 어떤 이가 황소와 백단을 몰라 무슨 물건이냐고 묻자, 황소黃小는 작은 물고기고 백단白團은 상산화常山花라고 했다. 이와 같은 경우가 많았으니 아마 계선乩仙(점괘를 글로 쓸 때 붓끝에 내린다는 귀신이다.)이 사람에게 붙은 듯하다. 하루는 "나는 떠나노라." 하고 알렸다. 이때부터 김 씨와 이 씨는 술 취했다가 깨어난 듯했으나 끝내 시에 쓰는 글자를 분변分辨하지 못했을 뿐 아니라 입에서 나오지도 않았다.

아내는 베틀을 버려두고 남편은 밭 갈기 그만두고
문 닫은 채 서로 응얼응얼하니
점친 시 300수라 기이한 인연 가득했으나
본색은 전혀 달라 낫 놓고 기역 자도 모른다네.

織婦斷機夫撤耕
閉門相對語咿嚶
乩詩三百奇緣滿
本色還他不識丁

의영은 해학을 잘하는 사람이다. 세상의 남녀와 짐승이 교합交
合하고 질투하며 희롱하는 온갖 자세와 소리에 대해 아주 똑같
이 흉내 내어 못하는 것이 없다. 그는 늘 "천하에서 구경하고 즐
길 만한 것으로 이보다 나은 것이 없다." 하고 다녔다. 만약 도
안道眼을 가진 자가 이를 본다면 충분히 기예에 대해 깨우칠 수
있고, 학문에 대해 깨우칠 수 있으며, 자신을 경계하고 남도 경
계할 수 있을 것이다.

말과 개들이 교합하는 모습을 모두 흉내 내니
비밀스러운 짓을 거울 속으로 엿보네.
하늘이 만겁을 내신 게 풍류에 한스러우니
추파를 한 번 돌릴 사이에 달렸네.
馬盖狗連無不爲
橫陳秘戲鏡中窺
天生萬劫風流恨
只在秋波一轉時

••

의영은 인간과 동물의 성행위와 그 소리를 흉내 내고 음담패설을 즐기는
자였다. 당시 사회에서 결코 존중받지 못할 자였는데, 조수삼은 그런 자질
을 부정하지 않고 다른 기예나 학문과 마찬가지라고 보았다. 유학儒學만
이 가치판단의 기준이 아님을 말한 것이다.

••

강석기가 시줏돈을 빼앗다

강석기姜錫禥는 장안의 불량배다. 날마다 술 마시고 주정하며 사람을 때렸는데, 감히 맞서는 사람이 없었다. 한번은 권선문勸善文을 파는 중의 바리때에 돈이 약간 쌓인 것을 보고, 그 중에게 물었다.

"돈을 시주하면 극락 가우?"

"그렇지요."

"이 돈을 빼앗으면 지옥 가겠구려?"

"그렇다오."

석기가 웃으면서 말했다.

"스님이 받은 돈이 이처럼 많은 것을 보면, 극락 가는 길은 반드시 어깨가 걸리고 발이 밟혀서 어려울 거야. 누가 그런 고생을 한담? 나는 지옥 길을 활개 치며 걸어가겠소. 그러려면 이제 스님 돈을 집어다가 술이라도 마시고 취해야 하지 않겠소?"

그러고는 (돈을) 한 푼도 남기지 않고 쓸어 가 버렸다.

사람마다 시주하면 천당 간다 했고
빼앗아 가지면 모름지기 지옥을 간다고 했지.
비좁은 천당 길을 구태여 갈 게 있나
차라리 지옥 길을 활개 치며 가리라.

人人佈施上天堂

攫取應須地獄行

路窄天堂容不得

無寧掉臂去縱橫

卓班頭 ○

탁
반두

탁 반두의 이름은 문환文煥으로, 나례국儺禮局의 우두머리였다.
젊은 시절부터 황진이 춤과 만석중놀이를 잘해서, 반중班中('반
班'은 반렬, 즉 나례국에서 춤추는 이고, 반두는 반렬의 우두머리다.)의 자제
들 가운데 따라갈 자가 없었다. 늘그막에 사신을 접대한 공으로
가선대부嘉善大夫(조선 시대 문무관의 종2품 품계를 함께 가리키는 말이
다.) 품계를 받았다.

황진이가 가볍게 걸어 나와 고운 눈썹 여미고
만석은 너울너울 고깔과 장삼으로 춤추네.
빠른 듯 느린 춤사위 누가 비슷하랴.
반렬 머리에 탁 동지를 먼저 손꼽았지.

眞娘弓步斂蛾眉

萬石偲偲舞衲緇

旛綽新磨何似者

斑頭先數卓同知

••

나례국은 마귀나 사신邪神을 쫓기 위해 행하던 의식인 나례를 맡던 임시
관청으로, 나례도감이라고도 했다. 나례는 왕의 행차나 중국 사신이 올
때 앞길에서 잡귀를 물리치는 뜻으로 행했는데, 나중에는 오락거리로 변
했다. 그래서 중국 사신을 접대한 공으로 종2품 품계를 받았지만, 그
에 해당하는 벼슬은 못 받았을 것이다.

동지는 가선대부가 흔히 받는 벼슬로, 동지중추부사(종2품 벼슬이다.)의
준말이다. 그런데 실제로 동지중추부사에 제수되지 않아도, 나이 많은 양
반을 높여서 동지라고 기록한 예가 많다.

만석중놀이는 개성 지방에서 행하던 인형극이다. 절에서 포교하는 수
단으로 인형극을 했다는 설, 황진이에게 유혹당해 파계했다는 지족선사를
조롱하려고 행했다는 설, 불공 비용을 만 석이나 받은 지족선사의 욕심을

풍자하려고 행했다는 설이 있다. '망석忘釋'으로 표기하면 중의 신분을 잊었다는 뜻이며, '만석萬石'으로 표기하면 만 석의 시주를 뜻한다. 대개는 '만석曼碩'으로 표기한다. 부처의 공덕을 통해 시방세계로 나아가는 이야기를 다루었으니, 석가탄신일에 축하 여흥으로 담 구석에 산대(임시 무대다.)를 설치하고 연출하던 무언극이다. 인형의 얼굴은 바가지로, 몸과 팔다리는 나무로 만들었으며, 몸에는 장삼을 입히고 머리에는 송낙(여승이 주로 쓰던, 우산 모양을 한 모자다.)을 씌웠다. 네 가닥 끈으로 조종했다.

●●

倒行女

거꾸로 다니는 여인

손가락이 모두 붙어 물건을 쥘 수 없는 여자가 있었는데, 발가락은 가늘고 길어 바느질이나 절구질과 다듬이질을 할 때 편리했다. 걸어가야 할 때는 손바닥을 짚신에 넣어 거꾸로 서서 비틀비틀 걸었다. 밤이면 심지를 돋우고 삯바느질을 해 살림을 꾸렸다.

손가락 붉은 손에 짚신을 꿰어 걸으니
생강 싹 같은 발가락이 가늘고도 여리구나.
거꾸로 된 인생은 고달프기만 해
두 다리 뻗고 앉아 등불 앞에서 바느질하네.

騈手盤行着屨尖
芽薑足指見纖纖
顚倒人生猶作苦
箕踞燈前刺繡針

萬
德

만
덕

만덕은 제주 기생이다. 재산이 많았는데, 한쪽 눈에 동자가 두 개였다. 정조 임자년(1792)에 제주도에 큰 흉년이 들자, 만덕이 곡식 수천 석과 돈 수천 냥을 내어 그 지방 백성을 먹여 살렸다. 크게 가상히 여긴 정조가 사람을 시켜 그의 소원을 묻자, (만덕이) 아뢰었다.

"만덕은 여자인 데다 천인賤人이라, 다른 소원은 없습니다. 소원이라면 오직 임금님을 뵙는 것과 금강산을 구경하는 것입니다."

정조가 명해 파발마를 타고 서울로 올라오게 했다. 약원藥院 내의녀內醫女의 행수行首로 있게 하고, 역로驛路에 명해 금강산도 구경하게 했다.

회청대를 제주도에 높이 짓고
곡식을 산처럼 내어 마곡에 쌓았구나.
그대 눈동자가 두 겹이어서 참으로 잘 보았으니
아침에는 임금님 뵙고 저녁에는 금강산 구경했네.
懷淸臺築乙那鄕
積粟山高馬谷量
賦汝重瞳眞不負
朝瞻玉階暮金剛

．．

회청대는 진시황이 파촉巴蜀의 과부인 청淸이라는 여인을 기리기 위해 지
은 누대의 이름이다. 청은 과부가 된 뒤에도 가업을 계승하고 재산을 잘 지
켜 남에게 침탈당하지 않았으므로, 진시황이 정부貞婦라 해 예우하고 청을
위해 회청대를 지었다. 회청대 이야기는《사기》〈화식열전〉에 실려 있다.

　만덕이 임금을 뵙고 싶어했으므로, 내의원 의녀 신분을 갖게 했다.　영
의정 채제공蔡濟恭(1720~1799. 조선 영조·정조 대의 문신으로 영의정까지 지냈
다.)이 만덕을 몇 차례 만나 이야기를 듣고 전기를 지어 주었다.

　　만덕의 성은 김金이니, 제주 양가良家의 딸이었다.　어려서 어머니
　　를 여의고는 의탁할 곳이 없어서 기생 노릇을 하며 살림을 했다.　조
　　금 자라나자 관가에서 만덕의 이름을 기생 명부에 올렸다.　만덕은

비록 머리를 숙이고 기생 노릇을 했지만, 여느 기생들처럼 행동하지는 않았다.

나이가 스물 남짓 되자, 울면서 자기의 실정實情을 관청에 하소연했다. 관청에서도 불쌍히 여겨, 기생 명부에서 그의 이름을 뽑아서 양민으로 돌려 주었다. 만덕은 살림을 차려 탐라의 사내들을 머슴으로 부렸지만, 남편을 맞아들이진 않았다.

그는 재산 늘리는 재주가 뛰어났다. 물가가 오르고 내리는 것을 보다 때맞춰 내놓기도 하고 사들이기도 했다. 그런 지 몇 십 년이 되자 제법 부자라고 이름이 났다.

우리 임금 19년(1795) 을묘에 큰 흉년이 탐라에 들어, 백성의 시체가 더미로 쌓였다. 임금께서 곡식을 배에 싣고 가서 구제하라고 명하셨다. 800리 바닷길을 바람에 돛 달고서 북(베 짤 때 쓰는 도구로 배처럼 생겼다.)처럼 빨리 달렸지만, 오히려 제때 대지 못하는 느낌이 있었다.

이에 만덕이 천금을 내 육지에서 쌀을 사들였다. 여러 고을의 사공들이 때맞춰 도착하면, 만덕은 그 가운데 10분의 1을 가져다 자기 친족을 살리고, 그 나머지는 모두 관청으로 보냈다. 얼굴이 누렇게 뜬 백성들이 그 소문을 듣고는 구름처럼 관청 뜰에 모여들었다. 관청에서는 덜 급하고 더 급한 사정을 가려서 차이가 나게 나눠주었다. 남자와 여자 들이 나와서 모두 만덕의 은혜를 칭송해 "우리를 살려 준 이는 만덕일세."라고 했다. 구제가 끝난 뒤에 목사가 그 일을 조정에 아뢰었다. 임금께서 몹시 기이하게 여겨 "만덕에게 만약 소원이 있다면 어렵고 쉬움을 가리지 않고 특별히 들어주겠다." 하고 허락하셨다. 목사가 만덕을 불러서 임금의 말씀대로 물었다.

"너에게 소원이 있느냐?"

만덕이 대답했다.

"다른 소원은 없습니다. 원이라면, 서울에 한번 들어가 상감께서 계신 곳을 바라보고 싶습니다. 그리고 금강산에 들어가 1만 2000봉을 구경하면 죽어도 한이 없겠습니다."

대개 탐라의 여인들이 바다를 건너서 육지에 오르지 못하게 한 것이 국법이었다. 목사가 또 그 소원을 위에 아뢰었더니, 임금께서 그 소원을 들어주라고 하셨다. 관가에서 역마를 내주고 음식도 번갈아 제공케 했다.

만덕은 돛단배 한 척으로 만경창파를 넘어 병진년(1796) 가을에 서울에 들어왔다. 한두 번 채 정승을 만났고, 채 정승은 그 사실을 임금께 아뢰었다. 선혜청에 명해 달마다 식량을 대 주었다.

며칠 뒤에는 그를 내의원 의녀로 삼아 모든 의녀의 우두머리가 되게 했다. 만덕은 전례에 따라 내궐內闕 문 안에 들어가 문안을 드렸다. (왕비가 계신) 전殿과 궁宮에서 각기 나인을 통해 칭찬하는 말씀을 내렸다.

"네가 한낱 여자의 몸으로 의기義氣를 내 굶주린 백성 1100명을 구제했으니 갸륵하구나."

상으로 내린 것이 아주 많았다.

반년이 지난 정사년(1797) 3월에 금강산에 들어갔다. 만폭동과 중향성의 기이한 경치를 두루 구경하며, 금부처를 만나면 반드시 절하고 공양드려 정성을 다했다. 불법佛法이 탐라에는 들어가지 않았기 때문에, 만덕이 그때 쉰여덟 살이었지만 절과 부처를 처음으로 본 것이다.

그는 안문재를 넘고 유점사를 거쳐 고성으로 내려갔다. 삼일포에서 배를 타고 통천 총석정에 올라 천하의 장관을 다 구경했다. 그런 뒤에 서울로 다시 돌아와 며칠을 머물렀다. 장차 고향으로 돌아가려고 내원內院(내의원이다.)에 나아가서 돌아가겠다고 아뢰었다. 전과 궁에서 각기 앞서와 같이 상을 내렸다.

이때 만덕의 이름은 서울 안에 가득 퍼졌다. 공公·경卿·사대부 가운데 만덕의 얼굴 한번 보기를 원하지 않는 사람이 없었다. 만덕이 떠날 때 채 정승에게 하직하며 목멘 소리로 "이승에서는 대감의 얼굴을 다시 뵙지 못하겠습니다." 하며 눈물을 줄줄 흘렸다. 채 정승이 말했다.

"진시황과 한 무제가 모두 '바다 밖에 삼신산三神山(진시황과 한나라 무제가 불로불사 약을 구하려고 수천 명의 사람들을 보냈다는 봉래산, 방장산, 영주산을 함께 이르는 말이다.)이 있다'고 했다. 또 세상에서 이르기를 '우리나라의 한라산이 바로 그들이 말하는 영주산瀛州山이고, 금강산이 바로 봉래산蓬萊山'이라고도 한다. 너는 탐라에서 태어나고 자랐으며 한라산에 올라 백록담의 물을 떠 올렸다. 이젠 또 금강산까지 두루 구경했으니, 삼신산 가운데 그 둘은 네게 정복된 셈이다.

천하의 수많은 남자 가운데 이러한 자가 있겠느냐? 그런데도 지금 헤어지는 마당에 아녀자의 가련한 태도를 보이는 것은 어찌 된 일이냐?"

그러고는 그의 사적을 서술해 〈만덕전〉을 짓고, 웃으며 그에게 주었다.

성상聖上(살아 있는 자기 나라의 임금을 높여 부르는 말이다.) 21년 정사(1797) 하지에 일흔여덟 된 번암 채 정승이 충간의담헌忠肝義膽軒에서 쓰다.

통영둥이의 성명이 무엇인지 모른다. 스스로 통영둥이라 부르고 다녔는데, 다리 하나를 절었다. 그는 열 살 때 아우를 잃고 밤낮으로 울어 두 눈이 모두 어두워졌다. 부모가 돌아간 뒤로는 거지가 되어 팔도를 두루 돌아다니며, 혹시 아우를 만날까 하는 희망을 가졌다. 스스로 백조요百鳥謠를 지어 "꾀꼬리는 노래 잘해 첩 삼기 제격이요, 제비는 말 잘하니 계집종 삼기 제격일세. 참새란 놈은 때때옷 입어 금군禁軍(조선 시대에 궁중과 임금을 호위하던 친위병이다.)이 제격이요, 황새는 목이 길어 포교捕校(포도청에서 죄지은 자를 잡아들이고 다스리던 벼슬아치다.)가 제격이라."라고 불렀다. 온갖 새를 노래하니, 옛날에 새 이름으로 벼슬 이름을 지은 것이 떠오른다.

꾀꼬리는 노래 잘해 첩으로 뽑고 제비는 말 잘해 몸종으로 뽑고
300종류 새마다 관직 이름을 붙이다가
할미새 노래 부르다 말고 두 줄기 눈물 흘리니
형제가 어느 날에야 다시 만나려나.
鶯歌燕語選姬鬟
三百飛禽總紀官
唱斷鶺鴒雙下淚
弟兄何日更相看

한시 둘째 행의 '기관紀官'은 먼 옛날 소호씨少暤氏가 새 이름으로 벼슬 이
름을 지은 고사에서 나왔다.

　또 셋째 행의 척령鶺鴒은 물가에 사는 할미새인데, 들판은 자기가 평소
에 살던 곳이 아니므로 자기 무리를 찾아 울면서 날아다닌다. 그 바쁜 모습
이 마치 형제가 어려운 일을 당해서 도와주는 것 같다고 생각해, 형제의 우
애를 노래한《시경》'소아' 편〈상체常棣〉에서 할미새를 끌어다 썼다.

　　죽을 고비를 당해도
　　형제만은 염려해 주고
　　벌판 진펄 잡혀가도
　　형제만은 찾아다니네.
　　死喪之威

兄弟孔懷
原隰哀矣
兄弟求矣

　새타령을 부르다가 할미새 구절이 나오자 잃어버린 아우 생각이 나서
눈물을 흘렸다. 거지 소년이 우리말 새타령만 잘 부른 게 아니라, 한시에
도 소양이 있었음을 알 수 있다.

金氏子

김 씨네 아들

김 씨네 아들은 정신병을 앓아, 마음속에 하고 싶은 말이 있으면 잠시라도 숨기고 있지를 못했다. 만약 꾹 참고 15분만 지나면 손을 들어 올리고 발버둥을 치며 크게 노해서 빠른 소리로 "이러이러하다."라고 외친다. 어떤 여종을 범하고 술 한 잔을 훔쳐도 스스로 숨기지를 못하고 "범했다, 훔쳤다."라고 말해 사방 이웃이 모두 들었다.

추재기이

평생 한 마디 말도 가슴에 남겨 두지 않아

훔쳤다 증언하고 강간했다 외치는 것이 지극히 공정하구나.

천하 사람 모두가 이와 같다면

이 세상은 유리 세계의 수정궁 같을 텐데.

平生一語不留中

證盜呼奸也至公

天下人人皆似許

琉璃世界水晶宮

유운태는 봉산鳳山의 맹인으로 일곱 살에 눈이 멀었다. 여섯 살
부터 이미 사기를 읽었고 고체시古體詩(한시의 한 종류로 음운의 높낮
이와 글자의 수를 비교적 자유롭게 쓸 수 있다.)를 지었다. 눈이 먼 뒤
부지런히 배워 열세 살에 경서를 외웠다. 《역경》을 읽고는 깨달
은 바가 있어 선천先天과 후천後天의 학문에 사력을 다했다. 점
치는 일에 통달해서 100번에 한 번도 틀리지 않았으니 마침내
나라 안에 이름이 났다. 자호自號를 '봉강 선생鳳岡先生'이라 했
다. 사람들 중에 의심나는 일을 결정하러 오는 자가 있으면 효
제충신의 도를 말해 주었다. 그래서 세상에서 엄군평의 풍모가
있다고 했다.

쉼 없이 역경을 익혀 황하의 근원을 결정하고
플점을 치고 매화점을 쳐서 옛 혼을 돌아오게 하네.
자식이 되고 신하가 되면 충성하고 효도해야 함을
분명히 기억해 두었다가 거북점 친 말에 얹어 해 주는구나.

滔滔講易決河源
折草觀梅返古魂
爲子爲臣忠及孝
丁寧記取倚龜言

• •

소자昭子의 설명에 의하면 선천은 복희씨가 괘를 그은 역易이고, 후천은
문왕이 부연한 역이다. 두 가지는 서로 방해되지 않는다.

• •

化魚婆 물고기가 된 할미

할미는 본래 한양 사람이다. 몇 년 동안 병들어 누웠다가 조금 나아지자 물로 목욕하고 싶어졌다. 문을 닫고 욕조에 들어가 한 동안 헤엄쳤는데, 나오려고 하지 않았다. 문을 열고 들여다보니 물고기가 되어 있었다.

추재기이

한 동이 맑은 물에 티끌 묻은 몸을 씻어 내며
유유자적하게 아침 한나절 즐겼지.
강이나 바다를 이와 같이 보았으니
물고기 잊은 날 내 몸도 잊었네.
一盆淸水濯塵軀
圉圉終朝樂矣夫
河海江湖如是觀
忘魚之日卽忘吾

••

한시 둘째 행의 '어어圉圉'는 물고기가 어릿어릿하게 노니는 모습을 나
타내는 말이다. 이 말이 《맹자》에 실린 이야기에도 쓰였다.

옛날에 어떤 사람이 산 물고기를 정鄭나라(중국 춘추시대에 주나라 선
왕의 아우인 환공이 세운 나라다.) 대부 자산子産에게 보냈다. 그러자
자산이 못지기를 시켜서 그 물고기를 못에 기르라고 했다. 그러나
못지기는 그 물고기를 삶아 먹고 돌아와서 "그 물고기를 처음 못에
놓아주자 어릿어릿하더니, 잠시 뒤에는 펄떡거리며 꼬리를 치다가
멀찌감치 달아나 버렸습니다."라고 아뢰었다. 그 말을 듣고 자산이
"제 살 곳을 만났구나. 제 살 곳을 만났어."라고 말했다.

••

錦城月

금성월

금성월은 재능이 뛰어나고 경성지색傾城之色이라 그 성가聲價가 한 시대의 으뜸이었다. 아무개의 아들이 금성월을 사랑해 데리고 산 지 여러 해가 되었는데, 그 사람이 죄를 저질러 곧 법에 따라 죽게 되자 금성월이 탄식하며 이렇게 말했다.

"낭군이 나를 사랑한 정도가 천하에 짝할 자 없으니, 이 몸이 낭군께 보답하는 것도 마땅히 천하에 짝할 이가 없도록 하리라."

그러고는 정인情人보다 앞서서 칼로 찔러 죽고 말았다. 당시 사람들이 모두 열녀라고 말하였다.

구슬 치마 보배 머리는 천금으로 팔고

바다를 채운 외로운 새는 그저 마음만 괴롭네.

사랑의 죽음을 나라의 죽음보다 앞세웠으니

향기 나는 매운 피를 원앙금침에 뿌렸다네.

珠裳寶髻賣千金

塡海孤禽只苦心

冤債先於公債了

香生烈血灑鴛衾

● ●

원문의 경성傾城은 성을 기울게 한다는 뜻이니, 나라를 망하게 한다는 뜻
으로 썼다. 《시경》 '대아' 편 〈첨앙瞻卬〉에 '철부哲夫는 성을 세우지만, 철
부哲婦는 성을 기울게 한다[哲夫成城 哲婦傾城]'는 구절이 있다. 지금 보기에
는 어불성설이지만 이는 여주女主가 권력을 휘두르다가 나라를 망하게 하
는 모습을 표현한 것이라고 한다. '경국지색'과 '경성지색'은 나라를 망하
게 할 만큼 아름다운 여인을 가리킨다.

기생이 사대부 집안 여인들에게 강요되었던 열烈의 규범을 실천했기에
세상 사람들이 열녀라고 칭찬했지만, 조수삼은 사랑 때문에 죽은 것을 칭
찬했다.

● ●

＊ 이 책에 실은 도판은 아래에 나열한 실물의 사진과 원화의 일부나 전부를 본문과 어울리게
변형한 것입니다.